Reflexões
DA ALMA

"A Ponte de L' Anglois", obra de Vincent van Gogh (1853-1890). Acervo do Wallraf-Richartz Museum, Colônia (Alemanha).

PAIVA NETTO

Reflexões DA ALMA

(Mais de meio milhão de exemplares vendidos)

167ª edição

ELEVAÇÃO

Produção editorial e revisão: *Equipe Elevação*
Impressão: *Edigráfica*
Foto da capa: *PhotoDisc*
Capa e diagramação: *Alziro Braga*

A primeira edição desta obra foi publicada em 2003.

Depósito legal na Biblioteca Nacional conforme
Decreto nº 1.825, de 20 de dezembro de 1907.

Dados Internacionais de Catalogação na Publicação (CIP)
(Câmara Brasileira do Livro, SP, Brasil)

Paiva Netto, 1941-
Reflexões da Alma / Paiva Netto ; [tradução Mastertexto]. -- 167. ed. -- São Paulo : Elevação, 2015..

1. Alma 2. Esperança 3. Legião da Boa Vontade 4. Meditações 5. Paz 6. Vida espiritual I. Título.

15-04908 CDD-242

Índices para catálogo sistemático:

1. Reflexões da Alma : Cristianismo 242

ISBN 978-85-7513-219-7

Av. Engenheiro Luiz Carlos Berrini,
1.748, cj. 2.512
CEP 04571-000 — São Paulo/SP — Brasil
Tel.: (11) 5505-2579

O Mistério de Deus por Jesus Cristo
Revelado é o Amor!

Paiva Netto

Tratado do
Novo Mandamento de Jesus

A Espiritualmente Revolucionária Ordem Suprema do Divino Mestre representa o diferencial da Religião de Deus, do Cristo e do Espírito Santo, base de todas as suas ações de promoção espiritual, social e humana, pela força do Amor Fraterno por Ele trazido ao mundo.

Ensinou Jesus, o Cristo Ecumênico, o Divino Estadista: "13:34 *Novo Mandamento vos dou: Amai-vos como Eu vos amei.* 13:35 *Somente assim podereis ser reconhecidos como meus discípulos, se tiverdes o mesmo Amor uns pelos outros.*

15:7 *Se permanecerdes em mim e as minhas palavras em vós permanecerem, pedi o que quiserdes, e vos será concedido.* 15:8 *A glória de meu Pai está em que deis muito fruto; e assim sereis meus discípulos.*

15:10 *Se guardardes os meus mandamentos, permanecereis no meu Amor; assim como tenho guardado os mandamentos de meu Pai e permaneço no Seu Amor.*

15:11 *Tenho-vos dito estas coisas a fim de que a minha alegria esteja em vós e a vossa alegria seja completa.*

15:12 O meu Mandamento é este: que vos ameis como Eu vos tenho amado. 15:13 Não há maior Amor do que doar a própria Vida pelos seus amigos. 15:14 E vós sereis meus amigos se fizerdes o que Eu vos mando. 15:17 E Eu vos mando isto: amai-vos como Eu vos amei.

15:15 Já não mais vos chamo servos, porque o servo não sabe o que faz o seu senhor. Mas tenho-vos chamado amigos, porque tudo quanto aprendi com meu Pai vos tenho dado a conhecer.

15:16 Não fostes vós que me escolhestes; pelo contrário, fui Eu que vos escolhi e vos designei para que vades e deis bons frutos, de modo que o vosso fruto permaneça, a fim de que, tudo quanto pedirdes ao Pai em meu nome, Ele vos conceda.

15:17 E isto Eu vos mando: que vos ameis como Eu vos tenho amado.

15:9 Porquanto, da mesma forma como o Pai me ama, Eu também vos amo. Permanecei no meu Amor".

(Tratado do Novo Mandamento de Jesus, reunido por Paiva Netto, consoante o Evangelho do Cristo de Deus, segundo João, 13:34 e 35; 15:7, 8, 10 a 17 e 9.)

"Se esta obra é de homens, não triunfará. Mas, se é de Deus, não a combatais, pois estareis combatendo o próprio Deus."

Gamaliel

(Atos dos Apóstolos de Jesus, 5:38 e 39)

"Respondendo Pedro e João aos sinedritas, disseram: *'Não podemos deixar de falar daquilo que vimos e ouvimos. (...) Importa antes agradar a Deus que aos homens'.*"

(Atos dos Apóstolos de Jesus, 4:19 e 20 e 5:29)

"Passará o Céu, passará a Terra, mas as minhas palavras não passarão."

Jesus

(Evangelho, segundo Lucas, 21:33)

Tudo fica para trás. Jesus, o Cristo
Ecumênico e Divino Estadista,
permanece!

Paiva Netto

Num futuro que nós, civis, religiosos e militares de bom senso desejamos próximo, não mais se firmará a Paz sob as esteiras rolantes de tanques ou ao troar de canhões; sobre pilhas de cadáveres ou multidões de viúvas e órfãos; nem mesmo sobre grandiosas realizações de progresso material sem Deus. Isto é, sem o correspondente avanço espiritual, moral e ético. O ser humano descobrirá que não é somente sexo, estômago e intelecto. Há nele o Espírito Eterno, que lhe fala de outras vidas e outros mundos, que procura pela Intuição ou pela Razão. A paz dos homens é, ainda hoje, a dos lobos e de alguns loucos imprevidentes que dirigem povos da Terra.

A Paz, a verdadeira Paz, nasce primeiro do coração limpo do homem. E só Jesus pode purificar o coração da Humanidade de todo ódio, porque Jesus é o Senhor da Paz.

O autor

(Texto extraído de *Reflexões e Pensamentos — Dialética da Boa Vontade*, de Paiva Netto, lançado em 1987, 51ª ed., p. 113.)

"*Glória a Deus nas Alturas, Paz na Terra aos Homens* [às Mulheres, aos Jovens, às Crianças e às Almas Benditas, os Espíritos Luminosos] *da Boa Vontade de Deus.*"

(Cântico da Milícia Celeste ao anunciar aos pastores do campo o nascimento de Jesus. Evangelho do Cristo, segundo Lucas, 2:14.)

"Se as guerras nascem
na mente dos homens, é
na mente dos homens que
devem ser construídos os
baluartes da Paz."

(Trecho extraído do Preâmbulo da Constituição da Organização das Nações Unidas para a Educação, a Ciência e a Cultura — UNESCO, aprovada em 16 de novembro de 1945.)

Prefácio dos editores

Reflexões da Alma: um novo horizonte para o Espírito

O mundo tem passado por grandes transformações e desafios. Diante dos muitos acontecimentos de repercussão global, várias certezas foram abaladas. Verdadeiras edificações políticas, econômicas, sociais, culturais, científicas e mentais, que pareciam tão concretas, acabaram gradativamente sendo demolidas, posto que erguidas sobre bases insustentáveis. Em vista de tudo isso, o ser humano do terceiro milênio vê-se na necessidade de prosseguir sua milenar caminhada da existência, trilhando novas estradas as quais o conduzam dos vales da insegurança à planície de um saber elevado, que ilumine a consciência dele e lhe mostre o rumo certo para conquistar o equilíbrio e o bem-estar físico, emocional e, acima de tudo, espiritual.

Este livro nos incentiva a meditar sobre a maneira pela qual guiamos nosso viver e nos propõe uma mudança de postura. Provoca-nos a sair do comodismo de nos fixar apenas à limitada horizontalidade dos fatos e verticalizar os olhos para o firmamento infinito, buscando na Espiritualidade Ecumênica respostas às nossas inquietantes dúvidas e questões acerca da vida, quer elas versem a respeito de tópicos simples, quer tratem de matérias mais complexas.

Com larga experiência de atuação na causa do Amor Fraterno e da Solidariedade — militando desde 1956 na Legião da Boa Vontade (LBV)*[1] e presidindo-a a partir de 1979, ao suceder o fundador da Instituição, Alziro Zarur*[2] (1914-1979) —, Paiva Netto, atendendo ao pedido de amigos, apresenta nesta obra lições que aprendeu com os diversos desafios enfrentados em sua trajetória de dedicação ao Bem. *Reflexões da Alma* nasce, portanto, do coração do autor para o coração de seus inúmeros leitores, que almejam ser protagonistas na construção da Paz no planeta.

Alguns podem questionar a validade de abordar tal assunto diante de momentos de tanta controvérsia global. No entanto, o escritor insiste no tema, por acreditar que justamente nessas horas se faz urgente preencher as mentes com pensamentos de esperança em um mundo melhor. Também oferece ao raciocínio crítico e dialético argumentos a favor de um novo fundamento sobre o qual se deve assentar a sociedade planetária: o Espírito. Esclarecendo que este *"não se trata de uma reação química do corpo humano"*, mas *"é a origem de tudo"*. E, arremata: *"O Mundo Espiritual não é uma região abstrata"*.

Alicerçado nessas proposições, estabelece os princípios de funcionamento da sociedade, levando em conta o necessário intercâmbio consciente entre as dimensões da existência humana, e sinaliza que todas as áreas estão diretamente sob a influência da sociologia do Universo*[3], isto é, das Leis Divinas, que regem o Cosmos. Demonstra nos campos pessoal e coletivo — representados pelas diferentes esferas da atividade humana, entre as quais a Política, a Religião, a Ciência, a Filosofia, a Arte, o Esporte, a Economia, a Ecologia, a Educação, a Família e a Administração —, a aplicabilidade de tal renovação de conceitos. Evidencia a urgência de, uma vez por todas, deixar para trás a mentalidade do *"progresso de destruição"* e vivenciar o *"desenvolvimento solidário"*, a partir da transformação íntima de cada indivíduo, mediante o reconhecimento pleno das próprias potencialidades e de que é um "cidadão do Espírito" — uma concepção de cidadania que vai além dos compromissos materiais, porque remonta às origens do ser ao considerar os deveres e os direitos espirituais.

Ao expor seus raciocínios e aspirações, que enaltecem os tão imprescindíveis valores espirituais, morais e éticos, Paiva Netto utiliza uma fórmula que o acompanha desde a juventude: a cultura do diálogo. Por isso, une às suas explanações imensa gama de vozes que legaram à Humanidade sabedoria por intermédio de palavras e de gestos. Segundo define, *"O Ecumenismo é a condição natural e o querer espontâneo de toda criatura quando, de corpo e Alma, integrada no espírito da Paz"*. Ele ainda afirma: *"O Ecumenismo eleva-nos à procura de soluções globais, dentro do espírito universal de Fraternidade, pregada por grandes pensadores e inspirados líderes de religiões. Ela é o 'fio de Ariadne', que, seguramente nos conduzindo pelos caminhos escuros e tortuosos das cavernas do Minotauro, pode levar-nos à esplendorosa claridade do Sol, livrando-nos das trevas dos ódios sectários".*

O denominador comum que harmoniosamente pode congregar tantos pontos de vista de representantes das mais variadas correntes filosóficas é o Amor, sentimento sublime exemplificado pelo Mestre Jesus, o Cristo Ecumênico, o Divino Estadista, e registrado em Seu Evangelho, segundo João, 13:34 e 35; 15:12 e 13, como a Lei Máxima da boa convivência social: *"Amai-vos como Eu vos amei. Somente assim podereis ser reconhecidos como meus discípulos, se tiverdes o mesmo Amor uns pelos outros. (...) Não há maior Amor do que doar a própria Vida pelos seus amigos".*

Tendo em vista as turbulências do cotidiano, as dificuldades pelas quais todos nós passamos na vida — algumas aparentemente insuperáveis pelo prisma das esgotadas alternativas materialistas —, o autor convida-nos a ir além de tais limites e descortinar as soluções ao *"raciocinar com o coração e sentir com o cérebro"*, imbuídos da crença em um Poder Superior e no valor do trabalho digno e honesto.

Boa leitura!

Os editores

[*1] **Legião da Boa Vontade (LBV)** — Nesta e em outras obras literárias, o leitor deparará com as denominações **Legião da Boa Vontade**, criada pelo saudoso Alziro Zarur, e **Religião de Deus, do Cristo e do Espírito Santo** — ou, ainda, Religião do Terceiro Milênio, Religião do Amor Universal —, proclamada por ele, que se irmanam na lide em prol de um Brasil melhor e de uma Humanidade mais feliz. São elas duas Instituições irrestritamente ecumênicas, unidas para atender de forma integral às carências fundamentais do ser humano e do seu Espírito Eterno, transformando-o sem paternalismos, a fim de que ele possa assumir na sociedade o seu papel de elemento solucionador dos problemas existentes. Agem assim para que a criatura humana se realize por meio dos poderosos ensinamentos do Espírito (Religião do Amor Universal) e da dinâmica ação de reforma humana e social (Legião da Boa Vontade), decorrência natural da primeira etapa. Disse Jesus: *"Buscai primeiramente o Reino de Deus e Sua Justiça, e todas as coisas materiais* (portanto, humanas e sociais) *vos serão acrescentadas"* (Evangelho do Cristo, segundo Mateus, 6:33). Da convergência dessas ações — a Espiritual e a Humano-Social — nasce a Política de Deus, para o homem e para o Espírito do homem.

[*2] **Alziro Zarur** (1914-1979) — Nasceu na cidade do Rio de Janeiro/RJ, Brasil, no Natal de Jesus de 1914. Jornalista, radialista, escritor, poeta, ativista social e grande pregador da Palavra de Deus, fundou a Legião da Boa Vontade (LBV), em 1º de janeiro de 1950 (Dia da Paz e da Confraternização Universal), e brilhantemente a presidiu até a sua passagem para o Plano Espiritual, em 21 de outubro de 1979. Em 2014, comemorou-se o centenário de seu nascimento. Em 7 de setembro de 1959, Zarur realizou a Proclamação do Novo Mandamento de Jesus, em Campinas/SP, Brasil, no antigo hipódromo do Bonfim — hoje, Praça Legião da Boa Vontade —, que, na época, era o espaço público mais vasto que por lá existia, capaz de receber a multidão que fora ouvi-lo. Carismático e polêmico, de forma popular e

inovadora pregava, com muito entusiasmo, o Evangelho e o Apocalipse de Jesus, mas não *"ao pé da letra que mata"* (Segunda Epístola de Paulo aos Coríntios, 3:6), e, sim, em Espírito e Verdade, à luz do Novo Mandamento do Cristo Ecumênico, o Divino Estadista (veja p. 6). Criou e presidiu a pioneira Cruzada de Religiões Irmanadas, cuja primeira edição oficialmente ocorreu em 7 de janeiro de 1950, no salão do Conselho da Associação Brasileira de Imprensa (ABI), na capital fluminense, após sucessivas reuniões preparatórias realizadas no mesmo local, nos meses de outubro, novembro e dezembro de 1949, na sala da diretoria daquela prestigiada Associação. Com esse feito, Zarur antecipou-se ao que mais tarde viria a ser chamado de relacionamento inter-religioso. Em 7 de outubro de 1973, proclamou a Religião de Deus, do Cristo e do Espírito Santo, em Maringá/PR, Brasil.

[*3] **Sociologia do Universo** — Título de aguardada obra de Paiva Netto.

"O Talhador de Pedras", obra de Georges Seurat (1859-1891). Coleção Mellon, Washington (EUA).

Em tempo algum a civilização alcançou tamanho grau de tecnologia. Que falta, pois, para que haja Paz? Resta sublimar as ações do progresso com a Espiritualidade Ecumênica, que potencialmente nos acompanha — saibamos ou não saibamos, queiramos ou não queiramos — desde antes do berço e de que devemos ser proclamadores, como crentes em Deus. Naturalmente que entendido como Amor, Verdade e também Justiça, que *"é o apoio do mundo"*, ao passo que *"a injustiça, pelo contrário, é origem e fonte de todas as calamidades que o afligem"*, consoante o pensamento de Dietrich de Holbach* (1723-1789).

---

* **Paul Heinrich Dietrich** (1723-1789) — Filósofo francês de origem alemã. Era chamado de Barão d'Holbach. Dizia ele: *"A justiça é o apoio do mundo: a injustiça, pelo contrário, a origem e fonte de todas as calamidades que o afligem"*.

Toda organização vitoriosa desfruta a presença marcante de mulheres espiritualmente esclarecidas. A intuição, competência do Criador manifesta na criatura, é um dos poderosos instrumentais femininos. Talvez por isso tenha Voltaire* (1694-1778), um dia, exclamado: *"Tous les raisonnements des hommes ne valent pas un sentiment d'une femme!"*, isto é, todos os raciocínios dos homens não valem o sentimento de uma mulher.

* **Voltaire** (1694-1778) — Nascido em Paris (França), François Marie Arouet adotou o nome de Voltaire quando esteve preso na Bastilha, em 1717. Destacou-se como escritor, filósofo e poeta iluminista, tendo seu pensamento centrado no racionalismo. Uma de suas mais importantes obras é *Dicionário Filosófico*, publicado em 1764, no qual se encontra o melhor de suas ideias, na maioria revolucionárias. Nesse intuito, valeu-se também de outros autores, os quais citou em seu trabalho, que possui uma grande parte histórica. Por tudo isso, tornou-se uma das principais figuras de um movimento de renovação da cultura e de crítica à política absolutista: o Iluminismo, cujos ideais deram origem, entre outros acontecimentos, à Revolução Francesa (1789).

Mundo em guerra, ou melhor, mundo sempre em guerra. Então, é igualmente o momento de falar na Paz e de lutar por ela, sem descanso, até que seja alcançada, incluída a paz no trânsito, em que os desastres vitimam tanta gente. Um dos perigos que a Humanidade atravessa é a vulgarização do sofrimento. De tanto assistir a ele pela necessária mídia, parcela dos povos pode passar a tê-lo como coisa que não possa ser mudada. Eis o assassínio da tranquilidade entre pessoas e nações quando se deixam arrastar pelo "irremediável". Ora, tudo é possível melhorar ou corrigir nesta vida, como no exemplo de Bogotá.

Se, pelo massacre das notícias trágicas, as famílias se acostumarem ao absurdo, este irá tomando conta de suas existências.

As lições da racionalidade, pelos séculos, têm demonstrado que os caminhos da Paz exigem maior autoridade e determinação do que os da violência. Aos que batalham perseverantemente pelo bem dos povos, quaisquer que sejam suas crenças, este conforto de Jesus, no Evangelho, segundo Mateus, 19:26: *"O que não é possível ao homem, para Deus é sempre possível"*.

As Leis Divinas governam os destinos da Terra. Pena que a maioria dos seres humanos ainda não saiba disso. Esse desconhecimento contribui para a dificuldade de realização delas, facilitando, assim, os desastres que a todo momento se veem e o campear da guerra pelos milênios. Mas que Jesus almeja para nós? A resposta se encontra neste trecho do confortador *Imitação de Cristo*, no qual o monge Tomás de Kempis* (aprox. 1380-1471) comenta os ensinamentos do Educador Celeste: *"Cristo — Meu filho, Eu disse: 'Eu vos deixo a paz; Eu vos dou a minha paz. Eu vo-la dou, não como a dá o mundo' (João, 14, 27). Comentário: Todos desejam a Paz, mas nem todos buscam os procedimentos que produzem a verdadeira. A minha Paz está com os humildes e simples de coração. Na muita paciência a encontrarás. Se me ouvires e seguires a minha voz, poderás usufruir dela fartamente".*

---

* **Tomás de Kempis** (aprox. 1380-1471) — Humilde sacerdote, autor de um dos mais importantes livros da história religiosa do mundo: *Imitação de Cristo.* Nascido em Kempis (Alemanha), foi enviado aos 13 anos à escola de Deventer (Holanda). Aluno apto, sempre notado por sua elegância e perícia em transcrever manuscritos, que foi seu trabalho predileto por toda a vida. Além de suas próprias composições, copiou numerosos tratados da Patrística, especialmente *São Bernardo* (um missal para uso em sua comunidade) e uma Bíblia inteira em quatro grandes volumes, que ainda existem. Em suas páginas, encontra-se esta advertência, que atravessou os tempos: *"O quam cito transit gloria mundi!"* (Oh! Quão rapidamente passa a glória deste mundo!). A maioria das pessoas a conhece nesta forma resumida: *"Sic transit gloria mundi"* (Assim passa a glória do mundo).

* * * * *

Confúcio* (551-479 a.C.) disse: *"Há pouca diferença entre os homens e as feras. E muitos homens reduzem essa diferença a nada"*. Diante desse aforismo do honorável filósofo chinês, a selvageria poderá ser entendida como lei de animais ferozes, jamais da criatura humana, que se considera um ser racional e espiritualizado.

* * * * *

* **Confúcio** (551-479 a.C.) — Seu nome verdadeiro era K'ung Fu-tsé. Nasceu em Tsu, Estado de Lu, hoje Shantung (China). A renascença social e moral advogada por Confúcio é a de que uma sociedade humana deve ser regida por um movimento educativo, o qual parte de cima e equivale ao amor paterno, e por outro, de reverência, que parte de baixo, como a obediência de um filho. A doutrina confuciana considera o homem bom e possuidor do livre-arbítrio, sendo a virtude sua recompensa. O único sacrilégio é desobedecer à regra da piedade.

"Retábulo do Cordeiro: Painel dos Eremitas" (detalhe da paisagem), obra de Jan van Eyck (1390-1441). São Bavão, Gand (Bélgica).

Há quem confunda valentia com brutalidade ou atitudes sem qualquer sensatez. Dessa forma não pensava Xenofonte*[1] (430 - aprox. 354 a.C.), que assim se exprimiu: *"Não há coragem louvável se não for acompanhada pela prudência"*. É evidente que o famoso discípulo de Sócrates*[2] (aprox. 470-399 a.C.) não propunha a entronização da covardia, porque somente homens decididos poderiam acompanhar o "Príncipe dos Filósofos", que, por seu destemor, foi condenado à morte, sob a falsa acusação, dentre outras, de corromper os jovens da Atenas de seu tempo.

Na verdade, como já afirmei, caro leitor, cara leitora, valentia consiste em aceitar uma incumbência, por mais difícil que pareça, e levá-la, com todo o brio, até o seu término. Certa vez, ouvi de um antigo companheiro de ideal, Achilles de Andrade de Souza*[3] (1913-1991), a citação do seguinte pensamento: *"O desânimo é a desculpa dos covardes"*.

---

*[1] **Xenofonte** (430 - aprox. 354 a.C.) — Nasceu na Ática, durante a guerra do Peloponeso (431-404 a.C.), travada entre Atenas e Esparta. Foi discípulo de Sócrates, soldado, aventureiro, proprietário rural e escritor. É considerado o primeiro autor sobre a arte equestre, cuja disciplina fora expressada de acordo com o pensamento clássico da época, princípios que seguimos até hoje.

*[2] **Sócrates** (aprox. 470-399 a.C.) — Nasceu e morreu em Atenas, Grécia. Filósofo, mestre de Platão e Xenofonte, é um dos mais importantes pensadores da história da Humanidade. Era filho do escultor Sofronisco e da parteira Fenarete. Aluno do geômetra Teodoro de Cirena e de Pródico, casou-se com Xantipa e foi preceptor de Alcibíades, com quem participou de várias batalhas, destacando-se as de Delion, Potidéa e de Anfipolis. Suas ideias tiveram profundas influências do também filósofo grego Anaxágoras, que acreditava em uma inteligência organizada do mundo e das coisas. Sócrates não deixou material escrito, tendo todas as suas informações sido descritas pelos discípulos que o seguiram. Suas reflexões são consideradas um marco cultural do Ocidente. Contestou os sofistas e a educação acrítica que era imposta à juventude. Como consequência, foi condenado à morte, pela ingestão de cicuta, sob a acusação de corromper os jovens.

*[3] **Achilles de Andrade de Souza** (1913-1991) — Desenhista técnico e funcionário público. Legionário da Boa Vontade, tendo exercido o cargo de Assistente-Geral da LBV.

Coragem não é bazófia. Todo fanfarrão é covarde. Lição do sábio grego Plutarco* (46-127): *"O homem verdadeiramente corajoso não busca perigos. Enfrenta-os"*, quando aparecem.

---

* **Plutarco** (46-127) — Filósofo, biógrafo e escritor. Nascido em Queroneia, região próxima de Tebas, passou quase toda sua vida se dedicando à escrita, o que resultou em mais de 200 livros. O clássico que o imortalizou foi *Vidas Paralelas*, contendo a biografia de várias personagens gregas e romanas célebres.

Um dos maiores questionamentos de boa parte daqueles que desejam a salvação espiritual é *"O que mais agrada a Deus?"*. O grande reformador Martinho Lutero*[1] (1483-1546) tem a resposta, citada pelo professor Leônidas Boutin: ter Fé verdadeira e inabalável na Palavra de Deus, que está contida nas Sagradas Escrituras. E quem tem verdadeiramente Fé há de praticar Boas Obras, isto é, amará ao próximo, pois é impossível ter Fé sem praticar Boas Obras, que são, assim, decorrências naturais e inevitáveis dela*[2].

* * * * *

---

*[1] **Martinho Lutero** (1483-1546) — Nasceu no dia 10 de novembro de 1483 em Eisleben, Alemanha. Jovem, tornou-se monge. Desenvolveu doutrina afirmando que a salvação depende exclusivamente da fé em Deus. Decidiu tornar públicas essas ideias e elaborou 95 teses, nas quais combatia abusos, especialmente a venda de indulgências. Fixou o seu protesto na porta da igreja do castelo de Wittenberg, no dia 31 de outubro de 1517. Suas ideias atingiram rapidamente o povo, e essa divulgação foi facilitada pelo recém-inventado sistema de impressão de textos em série, a imprensa nascente. O movimento da Reforma espalhou-se pelo Ocidente e, em 1530, os líderes protestantes, pela pena de Filipe Melanchton, escreveram a *Confissão de Augsburgo*, resumindo os elementos doutrinários fundamentais do Luteranismo. Faleceu em 18 de fevereiro de 1546 na mesma cidade em que nasceu.

*[2] Esta citação se encontra na abertura do livro *Da Liberdade Cristã*, de Martinho Lutero. O professor Leônidas Boutin iniciou a tradução dessa obra em 1958, com o apoio dos reverendos pastores Heinz Soboll e Richard Wengan, da Comuna Evangélica de Curitiba/PR, Brasil.

Quem faz Caridade,
persistindo nela,
recebe de Deus a
Caridade Dele, ou
seja, Sua Infinita
Misericórdia.

Nenhum planejamento, por mais bem elaborado que seja, terá êxito se lhe faltar intensa harmonia e sentido de unidade na diversidade para que a adversidade seja vencida. Getúlio Vargas* (1882-1954), que teve uma longa, polêmica e dramática vida pública no Brasil, deixou este testemunho: *"Só há uma força capaz de construir por toda a eternidade: o Amor"*.

---

* **Getúlio Vargas** (1882-1954) — Um dos mais populares presidentes da República do Brasil, foi chefe provisório (1930-1934), presidente eleito pela Constituinte (1934-1937) e ditador (1937-1945). Foi o responsável pela introdução de grandes reformas nas áreas social, trabalhista e industrial. Em 1951, assumiu novamente a presidência, pelo voto popular. Governou o Brasil até 1954, quando se suicidou. Sua filha, Alzira Vargas do Amaral Peixoto (1914-1992), certa vez, enaltecendo o trabalho da LBV, afirmou: *"Paiva Netto está fazendo o que Getúlio Vargas também desejou: que cada brasileiro se emancipasse"*.

* * * * *

Em um mundo que se globaliza, tantas vezes esmagando tradições respeitáveis, é prudente não desconsiderar o pluralismo que existe em cada povo, até mesmo em pequenas tribos, enquanto labutamos em favor do espírito solidário, altruístico, preconizado pelo Ecumenismo Irrestrito, que é Boa Vontade em marcha. Isto é, a vontade decidida, generosa; universal vontade de viver em paz, como, por muitos anos, pregou o escritor e poeta brasileiro Alziro Zarur. O autor de *Poema do Deus Divino* lançou, já na década de 1940, a Cruzada de Religiões Irmanadas, sob a invocação de um Brasil melhor e de uma Humanidade mais feliz. O espírito de Fraternidade Ecumênica entre os religiosos deve servir de exemplo aos demais.

* * * * *

* * * * *

O sentimento de Amor legítimo liberta o ser humano das algemas do rancor, que lhe provoca uma série de enfermidades psíquicas, físicas e, consequentemente, sociais. Certa ocasião, questionaram o grande evangelista norte-americano Eli Stanley Jones* (1884-1973) sobre o segredo de sua boa saúde, apesar da idade já avançada e das muitas andanças missionárias que tinha realizado pelo mundo. Entre outras coisas, respondeu: *"Não tenho ódios nem ressentimentos (...). O ódio é um veneno que deve ser eliminado de nossas vidas"*.

* * * * *

* **Eli Stanley Jones** (1884-1973) — Notável professor e missionário metodista. Foi educado em escolas de Baltimore e estudou Direito, sendo graduado pela Faculdade de Asbury, Wilmore, Kentucky (EUA). Em 1907, quando ainda estudava, foi chamado a prestar serviço no grupo de missionários da Igreja Episcopal Metodista, na Índia, no qual permaneceu largo período de sua vida. Foi um dos mais conhecidos missionários cristãos do mundo. Por várias vezes visitou o Brasil.

Barrigas vazias nem sempre estão dispostas a escutar... (...) Sem verdadeiro respeito à pessoa humana, não pode haver uma economia em que a Solidariedade Altruística seja um luzeiro a abrir caminhos novos entre as trevas da ganância. Todos têm o direito a uma existência digna. Trata-se do exercício da cidadania. Unidos*[1], devemos, como Humanidade, trilhar as sendas do progresso acessível a todos. É consequência da vida em ecumenismo*[2].

---

*[1] **Unidos** — Paiva Netto, no seu livro *Reflexões e Pensamentos — Dialética da Boa Vontade*, escreveu: *"Quando no Programa Boa Vontade, o PBV, falamos na união de todos pelo bem de todos, alguns podem atemorizar-se, pensando em capitulação de seus pontos de vista*

na enfadonha planura de uma aliança despersonalizada, o automatismo humano deplorável. Não é nada disso. Na Democracia, todos têm o dever (muito mais que o direito) de — honestamente (quesito básico) e com espírito de tolerância — enunciar seus ideais, sua maneira de ver as coisas. Entretanto, ninguém tem o direito de odiar a pretexto de pensar diferente, nem viver intimidado pela mesma razão. Dizia Gandhi que 'divergência de opinião não é motivo para hostilidade'. *E foi por nisso acreditar que, com certeza, o Mahatma se tornou o personagem principal da independência do seu povo. O dever de expressar suas opiniões, mesmo que com o calor natural à defesa das teses, todavia sem espírito de cizânia, de modo civilizado, não significa que — para viger a Democracia — Você tenha de transformar-se a qualquer preço no vencedor. Quem com isso não pode conviver não sabe o que é Democracia, que, por sinal, é o regime da responsabilidade".* Para conhecer mais sobre Democracia Divina, leia o *Livro de Deus*, de Paiva Netto, 21ª ed., p. 119.

*[2] **Nota do autor** — Sempre que Você ler em meus escritos ou ouvir em meus improvisos a palavra "Ecumenismo", por favor, considere o aspecto original do termo. De acordo com sua etimologia, "ecumênico" (do grego *oikoumenikós*) significa "toda a terra habitada" e "de escopo ou aplicabilidade mundial; universal". Utilizamos esse termo em abundância porque não haverá verdadeira Paz mundial enquanto ela não for estendida a todos os habitantes da Terra. A paz dos grupos separados é permanente convocação para novos conflitos. [Esta explicação de Paiva Netto se encontra no documento que escreveu aos participantes da Conferência de Cúpula da Paz Mundial para o Milênio, realizada na Organização das Nações Unidas (ONU), em 31 de agosto de 2000. O Presidente-Pregador da Religião de Deus, do Cristo e do Espírito Santo, ao ser convidado a participar do evento — que reuniu mais de mil líderes religiosos —, dedicou-lhes uma publicação especial, editada em quatro idiomas.]

* * * * *

Trabalhemos incansavelmente de forma que seja extirpada dos corações a guerra. As armas não disparam sozinhas. "Mas, e em caso de acidente?!", alguém poderia perguntar. Antes não tivessem sido feitas, ora!

* * * * *

A Face de
Deus é o Amor.
Quanto mais
amamos, mais
Ele se manifesta
em nós.*

* Pensamento de Paiva Netto incluído em uma de suas composições musicais, num CD que tem como título a primeira frase.

A primeira obrigação de um sacerdote é trabalhar no sentido da Fraternidade, da Temperança entre os seguidores das diversas crenças. Assim pensam todos os que amam, que desejam ver a Paz definitivamente estabelecida na Terra, de modo que a intolerância deixe, por fim, de ser uma especialidade no campo religioso. Vejamos o que a respeito diz o Profeta Muhammad*[1] (570-632) — *"Que a Paz e as bênçãos de Deus estejam sobre ele!"**[2], anotado neste ensinamento: *"Cremos no nosso Deus, cremos no vosso Deus. Porque o Deus é um só, o conteúdo é um só. A forma de chegarmos a Ele, sim, é diferente"*.

Na Religião de Deus, do Cristo e do Espírito Santo, a Religião do Amor Universal, o Ecumenismo sem fronteiras, pregamos o Ecumenismo das Almas, o Ecumenismo dos Corações, que independe de contendas teológicas, porquanto o que propõe como objetivo é unicamente o bem da criatura. Se os religiosos não fizerem a Paz primeiro entre si, com que autoridade poderão promovê-la entre as nações?

---

*[1] **Muhammad** (570-632) — O Profeta, nas suas múltiplas viagens, teve conversas com os persas, judeus e cristãos. Casou com uma viúva rica, chamada Kadidja, prima de um cristão. A partir do ano 610 passou a ter visões, avisando-o de que estaria destinado a restabelecer o Islã, isto é, a submissão a um só Deus. Era preciso acabar com a adoração de muitos deuses e evitar a corrupção em que o povo vivia. Deu início à sua pregação, reunindo muitos seguidores. Perseguido, foi convidado a fazer da cidade de Yathrib, localizada ao norte de Meca, a sede de seu apostolado. Começou, assim, a migração gradativa dos adeptos da nova religião. O deslocamento terminou em 25 de setembro de 622, data que se tornou o ponto inicial da cronologia maometana. Esse ano ficou conhecido como o ano da Hégira (saída).

*[2] ***"Que a Paz e as bênçãos de Deus estejam sobre ele!"*** — Saudação islâmica ao Profeta.

Em Santa Maria do Arnoso, Lugar de Lages, Portugal, redigi, entre outros, um artigo originado de uma carta que escrevera, em 1992, a meu filho José Eduardo, àquela altura estudando regência na Bulgária. Seu título: "Matéria também é Espírito. Deus não é suicida". Foi publicado em 1993, primeiramente em Portugal, pelo *Jornal de Notícias* e pelo *Jornal da Maia*. Também foi reproduzido em diversos periódicos brasileiros, a exemplo do tradicional *Correio Braziliense*, fundado por Hipólito José da Costa (1774-1823), que o preparava, em Londres (Inglaterra), circulando no Brasil a partir de 1º de junho de 1808:

Disse Jesus: *"Eu e o Pai somos Um"*. Necessário é, pois, inferir que o Espírito (*"Deus é Espírito"*, ensinou o Cristo) e a criação do Filho, expressa na Natureza pela matéria planetária, são também Um, isto é, têm a mesma origem **espiritual**. Não se trata de panteísmo*[1]. A Revolução de Einstein*[2] (1879-1955) no campo da Física foi nessa mesma direção: $E = mc^2$. A conceituação moderna de matéria é nuclear. A imagem da solidez foi substituída pelo circuito fissão*[3]/fusão*[4]. A liberação da energia, contida no dinamismo dos núcleos acelerados, passa pelos dedos e escapa às mãos dos que desejariam segurar a matéria, firmados em ultrapassados conceitos do materialismo dialético. Eis uma descoberta científica com sérias consequências morais, como todas o são em profundidade.

[*1] **Panteísmo** — Palavra de origem grega (*pan*: tudo, todas as coisas, e *théos*: deus). Trata-se de uma doutrina que afirma a identidade material de Deus e do Universo, os quais formariam uma unidade, um todo indivisível. Para muitos, os fenômenos da Natureza seriam a representação da própria Divindade, por isso elegeram os seus elementos para adorá-La.

[*2] **Albert Einstein** (1879-1955) — Físico judeu-alemão, um dos maiores gênios científicos de todos os tempos. Em 1900, formou-se na Escola Politécnica de Zurique, Suíça, e adotou nacionalidade desse país. Após seu casamento, em 1902, começou a atuar no Departamento de Patentes de Berna. Três anos depois, formulou a Teoria da Relatividade Restrita e passou a publicar artigos sobre física teórica. Mais tarde, anunciou a Teoria Geral da Relatividade, que apresentou uma nova visão dos fenômenos gravitacionais. Em 1921, recebeu o Prêmio Nobel de Física. Com a chegada de Hitler ao poder, foi obrigado a fugir da Alemanha, indo, em 1933, para os Estados Unidos, onde ganhou cidadania norte-americana, em 1940. Suas teorias permitiram a construção da primeira bomba atômica. Após as explosões no Japão, no fim da Segunda Guerra Mundial (1939-1945), defendeu a fiscalização do uso da energia atômica e lutou pelo pacifismo.

[*3] **Fissão** — Significa partição, quebra, divisão. Ocorre fissão nuclear quando há divisão de um núcleo atômico pesado e instável por meio do bombardeamento desse núcleo com nêutrons moderados.

[*4] **Fusão** — É o ato ou efeito de fundir ou fundir-se; liga; união. O ponto de fusão de uma substância verifica-se com a passagem do estado sólido para o líquido, tornando o elemento mais pesado a partir de um mais leve.

A vida é anterior à fecundação do óvulo pelo espermatozoide. Por intermédio do Profeta Jeremias, no seu livro do Antigo Testamento da Bíblia Sagrada, 1:5, o Poder Divino proclama: *"Antes que Eu te formasse no ventre materno, te conheci, e, antes que saísses do útero de tua mãe, te consagrei, e te constituí profeta às nações"*. Diante disso, o que é o aborto, senão uma violência? Mata uma pessoa viva. (...) O comovente flagrante do feto que, de dentro do útero materno, segura o dedo do médico que o opera é emblemático*[1]. Ele está pedindo segurança, conforto, carinho... É impressionante! Respeitamos o livre-arbítrio dos seres humanos, mas não podemos deixar de dizer, com toda a consideração e igual empenho, o que pensamos: o aborto é uma demonstração de quanto falta humanidade à Humanidade. O resultado dessa ausência de compaixão?! Está por aí às claras, nos fatos do dia a dia, e expressa nas páginas do Apocalipse de Jesus. Ele não é um rol de ameaças feitas pelo Criador às Suas criaturas. Pelo contrário. O Livro das Revelações Finais é, na verdade, a carta de um Amigo a seus amigos*[2], objetivando avisá-los sobre o que lhes acontecerá se teimarem em seguir por caminhos tortuosos. Nada mais, nada menos. Não são as páginas do Apocalipse que produzem armas nucleares, químicas, remédios com perigosos efeitos colaterais, agrotóxicos a envenenar os alimentos, corrupção, prostituição, assaltos, intolerância, violência de todos os tipos e males. Somos nós, os seres humanos, quando afastados do Bem, que damos vida a todos esses atos funestos, os quais nos ameaçam de destruição planetária. (...) O Apocalipse é um gesto solidário do Criador dirigido às Suas criaturas. Basta ver que, logo no seu início, dedica uma Bem-Aventurança aos que acatam a sua mensagem admoestadora, pois o Tempo em breve chegará*[3].

---

*[1] O autor refere-se a um dos relatos mais eloquentes em favor da vida, registrado pelo fotógrafo Paul Harris, quando cobria, na Universidade de Vanderbilt, em Nashville, Tennessee (EUA), uma cirurgia de espinha bífida em um feto de apenas 21 semanas. Durante a intervenção, captou, em uma foto magistral, o momento exato no qual o feto tirou sua pequenina mão do útero materno e segurou o dedo do dr. Joseph Bruner, que o estava operando. O fato foi divulgado pela mídia. A mãozinha que emocionou o mundo pertence a Samuel Alexander, que nasceu — saudável — a 2 de dezembro de 1999. Vale ressaltar ainda que uma espinha dorsal bífida pode causar danos cerebrais, paralisias diversas e até mesmo incapacidade total. Porém, se o problema for corrigido antes de a criança nascer, muitas serão as probabilidades de cura.

*[2] Leia os comentários de Paiva Netto em seu livro *As Profecias sem Mistério*, no capítulo "Apocalipse e Moderação", 84ª ed., p. 33.

"Golfo de Marselha visto da Estaque", obra de Paul Cézanne (1839-1906). Museu Metropolitano de Arte, Nova York (EUA).

*[3] **Nota do autor** — Diversas vezes afirmei, nas minhas palestras no rádio, na TV, na internet e nos volumes de *O Apocalipse de Jesus para os Simples de Coração,* que o Livro Bíblico das derradeiras profecias constitui um alerta que visa acordar os desatentos deste mundo para o que o futuro lhes reserva se continuarem a destruir a sua única morada — a Terra. Trata-se, portanto, de uma carta de Amor de Deus, por intermédio do Cristo e pela ação do Espírito Santo, às criaturas humanas. Basta conferir no capítulo 1º, versículos de 1 a 3 do Apocalipse de Jesus, segundo João. Para reforçar o que lhes digo, observem que o versículo 3º apresenta, em vez de uma maldição, uma Bem-Aventurança: *"Bem-aventurados aqueles que leem e aqueles que ouvem as palavras da profecia deste Livro e guardam as coisas nele escritas, pois o Tempo está próximo"*. Alziro Zarur, fundador da LBV, asseverava: *"O Apocalipse de Jesus é o livro mais feliz da Bíblia Sagrada, porque anuncia a Volta Triunfal Dele a este planeta, conforme prometeu, com poder e grande glória"*.

Alguns argumentam contra a credibilidade do Apocalipse, tendo em vista esta sua afirmativa: ... ***"pois o Tempo em breve chegará"***. E o fazem até sem jamais o ter lido. Ou, se abriram suas páginas, passaram apenas os olhos sobre elas, com a ligeireza de quem lê um romance de quinta categoria... A esses, convido a levar em consideração alguns fatores, entre eles:

1) que o "breve" para Deus não é o mesmo para os homens. Convém lembrar esta passagem do Antigo Testamento da Bíblia Sagrada, Salmos, 90:4 (Oração de Moisés*[1], Varão de Deus): *"Porque mil anos são aos Teus olhos* (ó Senhor!) *como o dia de ontem que passou, e como a vigília da noite"*, e do Novo Testamento, Segunda Carta do Apóstolo Pedro, 3:8 a 10: *"Mas, amados, não ignoreis uma coisa: que um dia para o Senhor é como mil anos, e mil anos, como um dia. O Senhor não retarda a Sua promessa, ainda que alguns a tenham por tardia; mas é longânimo para convosco, não querendo que alguns se percam, senão que todos venham a arrepender-se. Mas o Dia do Senhor virá como o ladrão de noite, no qual os Céus passarão com grande estrondo, e os elementos,*

ardendo, se desfarão, e a terra e as obras que nela existem se queimarão";

2) que dois milênios, com referência à idade da Terra como planeta — cerca de 4,5 bilhões de anos —, estatisticamente considerados, **correspondem a zero**;

3) que muitos dos fatos previstos no Livro das Profecias Finais já ocorreram, estão ocorrendo ou ocorrerão*[2].

---

*[1] **Moisés** — Líder e libertador do povo hebreu, é o autor dos cinco primeiros livros da Bíblia Sagrada: Gênesis, Êxodo, Levítico, Números e Deuteronômio, que constituem o chamado Pentateuco Mosaico, ou *Torá* (Lei), para os judeus. Às vezes o termo *Torá* é usado num sentido mais abrangente, que inclui as leis suplementares transmitidas de forma oral de geração em geração até o fim do século II da Era Comum, quando foram codificadas e compiladas. A essa coleção deu-se o nome de *Mishná*.

*[2] **Nota do autor** — A quem interessar, o meu convite para que leia as coleções *O Brasil e o Apocalipse* e *O Apocalipse de Jesus para os Simples de Coração*, ou ouça minhas palestras na Super Rede Boa Vontade de Rádio e/ou na Boa Vontade TV (canal 20 da SKY e no 212 da Oi TV). Se preferir, acesse o portal www.boavontade.com.

Para os que tremem mesmo ante a simples citação do Livro das Profecias Finais, transcrevemos as Sete Bem-Aventuranças do Apocalipse*, de forma que lhes seja mostrado que só existem motivos aos que perseverarem no Bem até o fim para sentirem-se seguros em seus passos:

I

— *Bem-aventurados aqueles que leem e aqueles que ouvem as palavras da profecia deste Livro e guardam as coisas nele escritas, pois o Tempo está próximo* (1:3).

* **As Sete Bem-Aventuranças do Apocalipse** — Veja referência a elas no livro *Somos todos Profetas*, de Paiva Netto, Editora Elevação, 44ª ed., pp. de 48 a 50.

II

— *Então, ouvi uma voz do Céu, que me dizia: Escreve: Bem-aventurados os mortos que, desde agora, morrem no Senhor. Doravante, diz o Espírito, que descansem das suas fadigas, pois as suas obras os acompanham* (14:13).

III

— *Eis que venho como vem o ladrão. Bem-aventurado aquele que vigia e guarda as suas vestiduras, para não andar nu, e não se veja a sua vergonha* (16:15).

IV

— Então, me falou o Anjo: Escreve: Bem-aventurados aqueles que são chamados à ceia das bodas do Cordeiro. E acrescentou: São estas as verdadeiras palavras de Deus (19:9).

V

— Bem-aventurados e santos aqueles que têm parte na primeira ressurreição. Sobre esses a segunda morte não tem autoridade; pelo contrário, serão sacerdotes de Deus e de Cristo Jesus, e reinarão com Ele os mil anos (20:6).

VI

— Eis que venho sem demora. Bem-aventurado aquele que guarda as palavras da profecia deste Livro (22:7).

VII

— Bem-aventurados aqueles que lavam as suas vestiduras no sangue do Cordeiro de Deus, para que lhes assista o direito à Árvore da Vida Eterna e para entrarem na cidade pelas portas (22:14).

Diante disso, conclui-se que o Apocalipse não está aí para apavorar ninguém, e, sim, para alertar o mundo com forte autoridade. Entretanto, o faz por meio de um recado pleno de Esperança e Confraternização, para os que, com espírito de concórdia, procurem ter *"olhos de ver e ouvidos de ouvir*"*. Preocupantes são os feitos maléficos de tanta gente perturbada e perturbadora a danar a vida das pessoas e das nações. Estas e aquelas são a razão da existência da mensagem alertadora do Apocalipse, tendo em vista, a qualquer instante, criarem terríveis ciladas para si próprias. A História dá testemunho de toda essa loucura.

---

* ***"Olhos de ver e ouvidos de ouvir"*** — Esta frase se encontra no Corão Sagrado, 32ª Surata ("As Sajda"):12.

"Um Ângulo do Porto de Honfleur", obra de Georges Seurat (1859-1891). Acervo de Rijksmuseum Krôller-Müller, Otterlo (Holanda).

Nesta altura do campeonato, em que o mundo verga sob o perigo de destruição total, Política, Religião, Filosofia, Ciência, Economia, Arte, Esporte etc., como que suplicam uma transformação profunda: a que tenha o Ecumenismo da Fraternidade como bandeira que jamais deve ser baixada.

...transformação profunda...

O mundo fatiga-se com demasia de palavras e pobreza de ações eficazes, atos que de forma efetiva sirvam de modelo para a concretização de um espírito de concórdia, que na verdade transforme o indivíduo de dentro para fora, coisa que não se consegue por decreto. Evidentemente que esse trabalho humano e espiritual de iluminação das criaturas deve ser acompanhado por acertadas medidas políticas, econômicas e sociais; Instrução; Educação; e a indispensável Espiritualidade Ecumênica. Isto é, uma perfeita sintonia com as Dimensões Superiores da Humanidade Celeste, até agora invisíveis aos nossos olhos materiais. No entanto, os "mortos" continuam vivos. E prosseguem a nos influenciar desde que o mundo é mundo.

Nossas atividades no plano Terra representam uma pequena etapa desse intercâmbio entre as dimensões física e espiritual, assunto que descrevo mais pormenorizadamente no capítulo "Quanto à Abrangência do TBV", exposto nos livros *O Brasil e o Apocalipse* (vol. III, página 79) e *Diretrizes Espirituais da Religião de Deus, do Cristo e do Espírito Santo* (vol. II, página 278).

Em *Voltamos — A Revolução Mundial dos Espíritos de Deus,* que redigi em Portugal, ressaltei uma análise que fiz das palavras do saudoso Alziro Zarur, proferidas na década de 1960 e que foram publicadas em julho de 1969, no *Jornal da Boa Vontade*, do qual eu era redator responsável. Na ocasião, destaquei que, se pedimos intercessão aos Céus, é porque há alguém em cima para nos atender. Se assim não fosse, a quem estaríamos fazendo preces? Se oramos é porque existe Vida além da matéria. O que precisamos descobrir — e isto é trabalho para a Ciência de vanguarda, que não admite preconceitos e tabus — é como acessar o Portal para outras dimensões. (...)

Deus proibiu o relacionamento entre os dois mundos? Será que foi mesmo assim? Ou o que ocorreu foram os cuidados de Moisés para que os hebreus não caíssem nos trágicos costumes de certos povos de mal explorar os Invisíveis? Certamente, o seu propósito era combater o mau uso da mediunidade, ou sensitividade, ou paranormalidade (como o queiram) de gente despreparada, não de pessoas que respeitam a existência efetiva e dinâmica dos Espíritos luminosos, e que se encontram em todas as religiões do mundo, admirando-os, amando-os, orando por e para eles. O que são, por exemplo, as constantes aparições de Maria Santíssima entre os Irmãos católicos? Mediunidade, com os nomes de carisma, milagres, fatos do sobrenatural etc.

* * *

Bem a propósito, recebi, com simpática dedicatória, e estou lendo *Transcomunicação — Comunicações Tecnológicas com o Mundo dos Mortos,* do professor Clóvis Nunes[*1], pesquisador do tema, conferencista e membro de diversas sociedades de estudos parapsicológicos.

Separei, para transcrição neste livro, o seguinte trecho da obra em que ele relata:

*Uma vez, em Belém do Pará, quando participamos de uma entrevista na televisão local, no programa "Sem Censura", o entrevistador arguiu o padre (François Brune[*2]):*

"— François, o senhor, como sacerdote católico, não entra em contradição ao publicar seus livros e realizar conferências sobre comunicações com os Espíritos no Além, uma vez que a Bíblia se diz contra a evocação dos mortos?".

François, com muita serenidade e segurança, respondeu diante das câmeras de televisão:

"— Se a Bíblia proibiu é porque essa comunicação com os mortos sempre existiu, sempre foi verdadeira. Não se pode proibir algo que nunca existiu. Entretanto, essa proibição está no Velho Testamento. Naquela época, se evocavam os mortos para finalidades escusas. No Novo Testamento não existe nenhuma referência a essa proibição. Ademais, na vida de todos os santos sempre houve presenças espirituais, aparições de luz que eram Espíritos de outros santos mortos que os assistiam e os iluminavam. O nascimento de Nosso Senhor Jesus Cristo foi anunciado a Maria por um Espírito. Também todos nós católicos rezamos para os santos, rezamos para Jesus Cristo,

para Maria Santíssima e também pedimos ajuda aos santos e eles estão todos mortos, vivos no Além".

Por parte da Igreja Católica, o padre Brune nos falou pessoalmente que o interesse nessas pesquisas se intensificou, desde o apoio do papa Paulo VI em 1969. Apesar de não ter se pronunciado oficialmente, o Vaticano continuou incentivando essas investigações através de seus membros eclesiásticos. Vêm se ocupando, entre eles, o padre Leo Schmid, da Suíça, que chegou a gravar 12.000 vozes de pessoas falecidas, publicando posteriormente o livro Quando os Mortos Falam; *Karl Pfleger, pároco de Behlenheim, em Alsácia; Pe. Eugenio Ferraroti e Andreas Resch, bem como o padre Gemelli, da Universidade Católica de Milão, Itália, que juntamente com o padre Pellegrino Ernetti, beneditino, registraram as primeiras vozes em fitas magnéticas e em seguida informaram ao Vaticano. François também nos contou que fora convidado a proferir uma conferência no Colégio Geral dos Jesuítas, na Espanha, pelo padre José María Pílon. Além dos seminaristas estavam presentes várias autoridades políticas, a nobreza madrilena e alguns embaixadores do Vaticano em outros países. Antes da conferência para um público de seiscentas pessoas, aproximadamente, o padre José María Pílon se dirigiu a ele e disse:*

"— François, você não precisa falar das vozes do Além gravadas através de fitas pelo EVP, porque sobre isso todos aqui do Colégio já sabemos; queremos que você se reporte principalmente às imagens do Além, porque essa parte do fenômeno nós não conhecemos ainda".

François tem viajado o mundo e, incansavelmente, tem proferido conferências nos principais congressos internacionais que se realizaram para discutir as questões da sobrevivência. Com sua inconfundível coragem e o carisma que lhe é peculiar, vai semeando esperanças por onde passa. Ele é o que comumente se diz para algumas pessoas espiritualizadas: "Um homem de Deus".

Meu caro Clóvis Nunes, o progresso espiritual da Humanidade não pode ser detido. Alziro Zarur costumava repetir: *"Só a Verdade ficará de pé. Quem está com a Verdade nada pode temer".*

---

*[1] **Clóvis Nunes** — O conferencista lançou *Transcomunicação — Comunicações Tecnológicas com o Mundo dos Mortos* em 1998, na capital federal. Na ocasião, gentilmente autografou um dos exemplares do livro: *"Para o Irmão Paiva Netto. Com a expressão maior da Admiração. Num afetuoso abraço do autor. Clóvis Nunes. Brasília-DF, 17/11/1998".*

*[2] **François Brune** — Nasceu em 18 de agosto de 1931, em Vernon, França. O padre é bacharel em Latim, Grego e Filosofia e licenciado em Teologia, pelo *Institut Catholique*, e em Escritura Sagrada, pelo Instituto Bíblico de Roma. Trata-se de um dos grandes pesquisadores na área da comunicação dos "mortos", por meio do rádio, da TV e do computador, sendo autor dos livros *Os Mortos nos Falam* (1991) e *Linha Direta do Além* (1994). Realiza estudos de fenômenos paranormais e já integrou pesquisas da Organização Internacional de Experiências de Quase Morte. Além de ser um conferencista conceituado internacionalmente, escreve para vários jornais e revistas a respeito do assunto, sendo convidado, com frequência, a participar de entrevistas na mídia.

o Amor...

O Amor é a mais inteligente expressão da Alma.

...Alma

Previdente é aquele que
levanta a barragem antes
de a inundação chegar.
Paranoico é o que o faz sem
motivo algum.

A Boa Nova* de Nosso Senhor Jesus Cristo é a mais diligente dialética, sempre realizadora e atual — por mais que passe o tempo —, porquanto fraterna e generosa. Fala ao coração, não somente ao cérebro, sustentando-os na *"Paz que o mundo não lhes pode dar"* (Evangelho, segundo João, 14:27). Daí a capacidade de curá-los, tendo como ponto de partida a mente. Cuida do corpo humano em seu aspecto integral, proclamando-o como a morada do Espírito enquanto reencarnado.

* **Boa Nova** — Assim também é conhecido o Evangelho, do grego *Euangélion* e do latim *Evangeliu.*

"A Carroça do Mercado", obra de Thomas Gainsborough (1727-1788). Tate Gallery, Londres (Inglaterra).

Não menosprezado o Espírito Eterno de cada criatura, o desenvolvimento intelectual é básico à liberdade. Por essa razão, os tiranos não o suportam. Quando não o podem impedir, tentam, a todo custo, subjugá-lo à sua vontade imperiosa ou mesmo esmagá-lo. A Arte é uma de suas mais poderosas expressões. O grande filósofo francês Voltaire chamou a atenção de todos para o fato de que ela justamente existe com o fito de mudar a condição jacente em muitas pessoas e situações: *"Sabei que o segredo das artes é corrigir a natureza humana"*. É por esse motivo que, em geral, os tiranos tentam impor que seja feita à moda deles.

É preciso distinguir a boa da má arte. Mas como?! O próprio Voltaire deixou uma dica: aquela que é capaz *"de corrigir a natureza humana"*. Claro que para melhor, por uma vida que se transforme num canto de paz, como no dizer do escritor espanhol Mateo Alemán* (1547-1614): *"Sempre busquei em todos ter paz, por ser filha da humildade; e o humilde que ama a paz ama e é amado pelo autor dela, que é Deus"*.

* **Mateo Alemán** (1547-1614) — Nascido em Sevilha, este bacharel em artes e filosofia estudou medicina entre 1564 e 1568, sem, contudo, ter se graduado. Iniciou sua carreira literária traduzindo as odes de Horácio e escrevendo um prólogo aos *Proverbios morales*, de Alonso de Barros. Em 1599, publicou a primeira parte de sua obra mais importante, *A Vida del pícaro Guzmán de Alfarache*. Em 1608, foi para o México, onde lançou, no ano seguinte, sua *Ortografía castellana*. As últimas informações sobre Alemán datam de 1614, quando de sua estada na região de Chalco.

A tendência hoje, em alguns lugares e ocasiões, é o cinismo deslavado. Entretanto, o bom observador percebe que, por trás dele, geralmente se escondem os dramas dos que não querem ou não podem revelar quanto sua Alma sofre ante uma realidade do mundo que intimamente a perturba. No fundo, o que sentem é uma acentuada carência de compreensão dos fatos, das situações e de reconhecimento do seu valor pessoal. Por isso, o Amor Fraterno jamais pode ser posto de lado. Todos se ressentem da sua falta, de forma declarada ou oculta...

Quando me refiro a cinismo, não o faço relativamente ao nem sempre compreendido Diógenes (412-323 a.C.), discípulo de Antístenes*[1] (445-365 a.C.). Diógenes de Sinope é aquele que, ao ser perguntado pelo todo-poderoso Alexandre Magno*[2] (356-323 a.C.) a respeito do que gostaria que este imperialmente lhe concedesse, respondeu sem titubear: *"Saia da frente do meu sol!"*. Ora, o grande comandante macedônico era o "dono" eventual do mundo no seu tempo... Para Diógenes e seus seguidores, descreve o notável *Dicionário Oxford de Filosofia*, *"a vida virtuosa consistia na independência obtida através do domínio dos desejos e necessidades: a felicidade exige que nada se deseje, para que não se sinta a falta de coisa alguma. Para encorajar as pessoas a renunciar aos desejos criados pela civilização e pelas convenções, os cínicos empreenderam uma cruzada de escárnio antissocial, na esperança de mostrar, pelo seu próprio exemplo, a frivolidade das ilusões da vida social"*.

A *Grande Enciclopédia Larousse Cultural* esclarece: *"A virtude, segundo Diógenes, é o soberano bem. A ciência, as honras, as riquezas são falsos bens que é preciso desprezar. Denunciar em toda a parte as convenções sociais e opor-lhes a na-*

tureza: tal é o princípio de sua filosofia; é preciso libertar-se do desejo; reduzir ao mínimo as necessidades".

Finalmente, voltando ao *Dicionário Oxford de Filosofia*: *"(...) Sua ética é fruto do desdém saudável pelos prazeres e sofrimentos próprios, e sobretudo da impaciência para com as convenções e hierarquias de uma sociedade presumivelmente corrupta: 'Aristóteles*[*3] *[384-322 a.C.] toma o café da manhã quando o rei quer; Diógenes, quando Diógenes quer'".*

Logo, se conclui que o conhecido pensador grego nada tem a ver com os oportunistas de sempre. Basta recordar esta assertiva de sua doutrina: *"Os piores escravos são aqueles que estão constantemente servindo às próprias paixões".*

Por onde andará o incansável polemista heleno? Ainda carrega a famosa lâmpada acesa em pleno dia à procura de um homem de bem, ou, desesperançado, recolheu-se ao seu mítico tonel?

Não faça isso, bom Diógenes! Há muitos seres de grande valor moral no mundo, incluindo cães[*4], que deram nome à sua célebre escola, fundada, segundo alguns, por seu mestre Antístenes, antigo discípulo de Sócrates.

Nunca o considerei um louco excêntrico, e, sim, uma expressiva lição à Humanidade, em geral descuidada de suas verdadeiras origens, que são espirituais, e negligente quanto ao seu destino celeste — conhecimento que lhe faria descobrir e exercer um melhor destino na Terra.

Por causa dessa milenar desatenção, advertiu Jesus: *"Buscai primeiramente o Reino de Deus e Sua Justiça, e todas* *as coisas materiais vos serão acrescentadas"*[*5] (Evangelho, segundo Mateus, 6:33, e Lucas, 12:31).

O comportamento surpreendente de Diógenes marcava, de forma indelével, uma posição política acertada quanto aos desmandos de sua época, mas que bem pode servir aos dias de hoje. Ele foi um bom marqueteiro de suas ideias. De certa maneira, um predecessor esclarecido dos de agora.

Quem primeiro, em minha atual existência, me falou sobre o homem que desprezou a proposta do filho de Filipe da Macedônia (382-336 a.C.)[*6] foi o meu saudoso pai, Bruno Simões de Paiva[*7] (1911-2000). Quanto lhe devo pelo muito que me ensinou! Onde estiver, velho Bruno, receba a minha comovida homenagem.

[*1] **Antístenes** (445-365 a.C.) — Considerado o fundador da filosofia cínica. Como todos os seus adeptos, desprezava as ideias gerais e as convenções sociais.

[*2] **Alexandre Magno** (356-323 a.C.) — Rei da Macedônia, foi o guerreiro e o estrategista mais famoso da Antiguidade. A partir de 345 a.C. o seu pai, Filipe II, confia a sua educação ao filósofo Aristóteles. Aos 26 anos, submeteu ao seu poder grande parte do mundo antigo, a exemplo do que desejava seu pai. Estendeu seu império do mar Egeu ao Índico, do Cáspio ao Nilo. Quando inspecionava a drenagem dos pântanos do rio Eufrates, foi picado por um mosquito infectado. Atormentado por febres intermitentes, morreu aos 33 anos.

*[3] **Aristóteles** (384-322 a.C.) — Filho de Nicômaco, médico de Amintas, rei da Macedônia, nasceu em Estagira, colônia grega da Trácia, no litoral setentrional do mar Egeu, em 384 a.C. Teve como mestre Platão, com o qual estudou por vinte anos. Fundou, em Atenas, sua própria escola, chamada Liceu. Foi o responsável por sistematizar e organizar a história da filosofia helênica e pode ser considerado o criador da Lógica. Em 343 a.C. foi convidado pelo rei Filipe da Macedônia para sua corte. Tornou-se preceptor do príncipe Alexandre, então jovem de 13 anos. Isolando-se gradativamente da vida social e política, dedicou-se à investigação científica.

*[4] **Cães** — Os cínicos seriam os *hippies* daquela época. É fácil entender que a raiz desse termo, aplicado a Diógenes (o mais famoso deles) e seus companheiros, deriva de *cinos*, que, em grego, significa "cão", pois, com o seu estranho jeito de ser, os cínicos eram, para seus adversários, como cães.

*[5] **Zarur e a Fórmula Urgentíssima** — Alziro Zarur refere-se a essa famosa passagem do Evangelho de Jesus, segundo Mateus. Veja o *Livro de Deus*, de autoria de Paiva Netto, 1982, p. 111, na qual Zarur assim se manifesta: *"Somente o estadista que souber Apocalipse saberá prever para prover, governando com acerto, evitando que sua Pátria seja esmagada pelo próximo e último Armagedom (Apocalipse, 16:16).* ***A Fórmula Perfeita*** *para resolver os grandes problemas dos chefes de Estado, na ciência do governo dos povos, é a de Jesus:* 'Buscai primeiramente o Reino de Deus e Sua Justiça, e todas as coisas materiais vos serão acrescentadas' *(Evangelho, segundo Mateus, 6:33). Quer dizer: não haverá soluções perfeitas fora das Leis Eternas, que regem a Terra. O contrário é combater efeitos, enquanto as* ***causas*** *permanecem".*

*[6] **Filipe da Macedônia** (382-336 a.C.) — Unificou seu reino e queria fazer o mesmo com os povos gregos. Montou para isso um poderoso exército e partiu para a conquista desses outros territórios, então conseguiu seu intento impondo domínio sobre a Grécia. Foi pai de Alexandre.

*[7] **Bruno Simões de Paiva** (1911-2000)— No dia do nascimento de seu primogênito, José de Paiva Netto, na cidade do Rio de Janeiro/RJ, deu início a uma biblioteca para o filho. Hoje, Paiva Netto possui um acervo de mais de 120 mil livros (até agora catalogados), além de uma respeitável videoteca.

O organismo humano é a mais extraordinária máquina do mundo. Mesmo assim, falha. Contudo, com Amor até os remédios passam a ter melhor resultado.

Nossos Irmãos que padecem com o vírus HIV e os que sofrem de outros males físicos, mentais ou espirituais, precisam, em primeiro lugar, de Amor Fraterno, aliado ao socorro médico devido. Se a pessoa se sentir humanamente amparada, criará uma espécie de resistência interior muito forte, que a auxiliará na recuperação ou na paciência diante da dor.

* * * * *

Aids: o vírus do preconceito agride mais que a doença.

* * * * *

Aos que sofrem o abandono a que foram relegados por antigos correligionários, por amigos de discussão intelectual e até mesmo pelos seus entes mais queridos, o conforto destas palavras de dom Paulo Evaristo Arns*, cardeal-arcebispo emérito de São Paulo, na sua tocante obra *Da Esperança à Utopia — Testemunho de uma Vida*: "*A graça de Deus não esquece ninguém nem se regula por crachás. Basta lembrar o segundo capítulo do livro Gênesis para sentir como o sopro de Deus infunde vida ao ser humano e lhe dá como companheira a Esperança por toda a vida. (...) Afinal, o mundo é de Deus, e Deus está presente no coração de cada pessoa, por menos que esta O sinta ou O exprima de viva voz. (...) A utopia é a união de todas as esperanças para a realização do sonho comum. Se realizarmos este sonho, teremos construído uma nova realidade*".

---

* **Dom Paulo Evaristo Arns** — Nasceu em Forquilhinha, Criciúma/SC, em 1921. Ingressou na ordem franciscana em 1939. Ordenou-se presbítero em 1945, em Petrópolis/RJ. Frequentou a Sorbonne, onde se laureou em Patrística e Línguas Clássicas. Foi nomeado Arcebispo de São Paulo em outubro de 1970 e feito cardeal pelo papa Paulo VI. Em 1988, dom Paulo visitou a Sede Central da LBV, na cidade de São Paulo/SP, quando foi recebido por Paiva Netto. Em 1998, recebeu do ParlaMundi, da LBV, a Comenda da Ordem do Mérito da Fraternidade Ecumênica, na categoria *Religião*.

Longe do Amor Fraterno, ou Respeito, se assim quiserem apelidá-lo, o ser humano jamais saberá viver em Sociedade Solidária Altruística Ecumênica*[1], porque a sua existência ficará resumida a um terrível "universo", o mesquinho "universo" do egoísmo. Por esse motivo, escreveu o pensador e sociólogo francês Augusto Comte*[2] (1798-1857): *"Viver para os outros é não somente a lei do dever, mas também da felicidade"*. Trata-se de uma lição que ninguém deve esquecer em circunstância alguma.

---

*[1] **Nota dos editores: Sociedade Solidária Altruística Ecumênica** — Conceito defendido por Paiva Netto há décadas, reiterado durante o I Congresso Internacional dos Irmãos Operários de Deus (ocorrido em 1º de maio de 1983, no Botafogo Futebol e Regatas, na cidade do Rio de Janeiro/RJ) e publicado em diversos órgãos de imprensa do Brasil e do exterior. Suas palavras marcaram essa conceituação dos Ideais da Boa Vontade, que movem, ainda hoje, diversas ações no campo social e educacional para a promoção de políticas públicas de desenvolvimento sustentável do país por meio da mais ampla inclusão social: a que contempla necessidades físicas e espirituais, promovendo a formação do Cidadão Ecumênico, componente ativo de uma Sociedade Solidária, transformada pelo Amor. *"(...) O exemplo para que haja fartura — não unicamente em benefício de uma comunidade, todavia de todo o planeta — vem do Cristo Ecumênico (isto é, liberto de sectarismos), o Divino Estadista. Só pode haver abundância, perfeitamente compartilhada, na Sociedade Solidária Altruística Ecumênica em que todos procurem entender-se e cada um reconheça que faz parte de uma gigantesca organização viva, espiritual e social, chamada Humanidade. Um pequeno órgão, por*

menor que seja, se estiver combalido, afetará toda a complexa máquina humana (...)", afirmou durante aquele evento. *"Paulo Apóstolo, na Primeira Carta aos Coríntios, 12:26, declara:* 'Se um órgão está enfermo, todo o organismo sofre'. *E Zarur ensinava que* 'o nervo de dente, tão pequenino, se doer, perturba toda a estabilidade do corpo' " *(...).* E diz mais Paiva Netto: *"Sociedade Solidária, porque é preciso união; Altruística, para que essa aliança se realize sob a égide do Amor Fraterno, exemplificado pelo Cristo, em Seu Novo Mandamento:* 'Amai-vos como Eu vos amei. Somente assim podereis ser reconhecidos como meus discípulos. Não há maior Amor do que doar a própria Vida pelos seus amigos' *(Evangelho de Jesus, segundo João, 13:34 e 35; 15:9); Ecumênica, visto que é necessário entendimento neste planeta para que ele sobreviva. (...) Conciliar é, portanto, a nossa grande convocação, fundamentados que estamos na extensa experiência ecumênica da LBV: o Brasil e o mundo carecem da vivência imediata do ecumenismo religioso, étnico, empresarial, partidário, social, enfim, o Ecumenismo Irrestrito que nos fala do bom relacionamento entre seres humanos e suas nações, com base nos valores mais profundos do Espírito, e o Ecumenismo Total, que derruba as barreiras entre o mundo físico e o Mundo Espiritual Invisível, como preconizava Alziro Zarur".* Leia mais em *Jesus, Zarur, Kardec e Roustaing, na Quarta Revelação,* obra do escritor Paiva Netto (1984).

*[2] **Augusto Comte** (1798-1857) — O filósofo Isidore Auguste-Marie-François-Xavier Comte deu à ciência da Sociologia seu nome e estabeleceu a nova disciplina em uma forma sistemática. Foi secretário do conde Henri de Saint-Simon, o primeiro filósofo a ver claramente a importância da organização econômica na sociedade moderna. Suas ideias são desenvolvidas com um estilo todo pessoal por Comte, a ponto de Saint-Simon ser considerado por muitos como o fundador do Positivismo. O *Système de politique positive*, que tinha começado a esboçar em 1844 e no qual completou sua formulação da Sociologia, iria transformar-se em um memorial à sua amada, Clotilde de Vaux, que morrera de tuberculose.

O pensamento bom constrói um povo feliz; o negativo o enfraquece. Por isso, é fundamental iluminar a Alma de cada criatura. Anotemos este ensinamento do Corão*: *"Assim como o perfume é a expressão da flor, o pensamento é o perfume do espírito"*. Um cidadão espiritualizado, que sustenta nobres ideais, firme no Bem e na Solidariedade ativa, eleva a sua pátria à culminância como civilização.

* **Corão** — Alcorão, do árabe *al-qurãn*, "o recitativo" ou "o discurso". É a compilação do conjunto das revelações de Deus (Alá) ao Profeta Muhammad, na Arábia do século 7º. É o Livro Sagrado que compreende a doutrina religiosa e a codificação da vida civil e social do Islã (do árabe *aslama*, com o significado primitivo de "submissão"), a denominação da fé religiosa dos islamitas ou muçulmanos e da civilização que nasce dessa crença.

Ter medo é o mesmo que dizer a Deus: "Não creio em Ti, Senhor". E isso jamais o faremos.

Uma coisa é a Fraternidade;
outra bem diferente é
o favoritismo. E este, o
Espírito vomita, porque
leva à corrupção.

"O Castelo de Médan", obra de Paul Cézanne (1839-1906). Galeria de Arte de Glasgow (Escócia).

Quando administramos, devemos fazê-lo oferecendo o melhor de nós hoje. Contudo, sempre mirando o futuro, a almejar uma comunidade, um país, enfim, um mundo pacificado pelo esforço das pessoas de Boa Vontade. Isso quer dizer: agir de forma eficaz no presente, para que o amanhã seja a glorificação do que ousamos realizar agora.

A guerra, antes de explodir no mundo, cresce no interior das criaturas, razão pela qual Jesus declarou em Seu Evangelho, segundo Lucas, 6:45: *"O homem bom do bom tesouro do coração tira o bem; e o mau, do mau tesouro tira o mal; porque fala a boca do que está cheio o coração"*. Sendo assim, façamos brotar na Terra a Paz que habita as almas serenas. Poético?! Certamente, porém leal, porquanto real. É o dever de quem diz poesia, mesmo quando por meio de prosa. Wilfred Owen* (1893-1918), jovem pensador inglês morto nos dias finais da Primeira Guerra Mundial, escreveu: *"Tudo que um poeta pode realizar, hoje, é advertir. É por isso que os verdadeiros devem ser sinceros"*.

---

* **Wilfred Owen** (1893-1918) — Conhecido como "O Poeta da Guerra", nasceu em Oswestry (Reino Unido). Foi educado sob os preceitos da religião anglicana. Muito de sua religiosidade transparece em seus poemas. Alistou-se no exército em 1915 e foi engajado na França em 1917, no pior inverno do período da Primeira Guerra Mundial. Toda a sua poesia "da guerra" baseia-se nesse momento de sua vida. Após essa experiência, traumatizado pelos horrores das batalhas, foi hospitalizado em Craiglockhart, perto de Edimburgo, retornando posteriormente ao combate na França. Sete dias antes do encerramento do conflito mundial, em 11 de novembro de 1918, Owen tombou em uma das últimas lutas da guerra.

O Ecumenismo...

O Ecumenismo[*1] é a condição natural e o querer espontâneo de toda criatura quando, de corpo e Alma, integrada no espírito da Paz. Como concluiu o escritor português Antero de Figueiredo[*2] (1866-1953), *"creiam, todos os caminhos, sinceramente honrados, levam ao Pai Celeste"*. Então, por que brigar por causa de religião? Há um pensamento de Alziro Zarur que continuamente merece ser lembrado: *"O maior criminoso do mundo é aquele que prega o ódio em nome de Deus"*. Exato!

[*1] Leia sobre "Os quatro pilares do Ecumenismo" na p. 142.

[*2] **Nota do autor** — Um fato curioso a respeito do conhecido escritor lusitano Antero de Figueiredo, nascido na universitária cidade de Coimbra, é que, ainda jovem, teve de abandonar os estudos em virtude de sua saúde precária. Certamente, até houve quem pensasse que o Antero (não o de Quental, outro grande da literatura portuguesa) duraria pouco na vida. E não foi o que se deu. Tendo vindo ao mundo em 1866, superou a metade do século 20, pois veio a falecer em 1953, em Foz do Douro. Mais um pouco, chegaria aos 90 anos.

Os desafios...

Os desafios da existência nos impulsionam ao sucesso. Mas é necessário também que tenhamos otimismo e generosidade, para não cair nas garras do egoísmo desagregador.

O coração é o microfone e o alto-falante preferidos das multidões.

* * * * *

Quando existe verdadeiro afeto, até a distância aproxima os corações. Não há separação entre aqueles que fortalecem a sintonia na maior força do Universo: o incomparável Amor de Deus.

O coração torna-se mais propenso a ouvir quando o Amor é o fundamento do diálogo*.

---

* Este pensamento de Paiva Netto foi destacado pelo ex-presidente do Tribunal de Contas da União (TCU), ministro **Valmir Campelo**, que, depois de ler este livro, escreveu ao autor, fazendo a seguinte análise: *"No momento em que o mundo é palco de tantos atos de violência e desamor e as criaturas humanas se fecham, amedrontadas, no casulo do egoísmo, ou da individualidade,* ***o livro*** **Reflexões da Alma** ***chega como um refrigério****, oferecendo maravilhosas lições de Paz, União e Solidariedade. Cada mensagem é um estímulo à cuidadosa reflexão sobre o poder e a paciência* ***a fim de que a Humanidade alcance a sua maturidade espiritual****. Na página 93, há um belo exemplo dessa observação, quando o inspirado escritor afirmou que* **'O coração torna-se mais propenso a ouvir quando o Amor é o fundamento do diálogo'**. *(...) Transmito-lhe meus efusivos parabéns, augurando-lhe votos de que continue a realizar* ***esse importante trabalho em prol da evolução espiritual da Humanidade****. Com meu cordial abraço, ministro Valmir Campelo — Presidente"*. A obra ultrapassou a marca de mais de meio milhão de exemplares vendidos, tendo sido lançada em Portugal, pela Editora Pergaminho, e traduzida para o Espanhol e para a língua internacional Esperanto. (Os destaques são nossos.)

No terceiro milênio, que tem... mil anos, um dia todos haverão de compreender que espiritualizar as criaturas, consequentemente elevando sua condição moral, é a única forma de alcançar o progresso — que não seja o da destruição — para todo o planeta. Esse desenvolvimento que tem por deus a ganância, de início, atinge os pequeninos, dos quais nos falava Jesus: *"Deixai-os vir a mim, porque deles é o Reino dos Céus"* (Evangelho, segundo Mateus, 19:14)*. Ao lado dos idosos, os que vivem a infância são os primeiros a ser prejudicados pelas enfermidades provocadas pela adulteração do meio ambiente, não apenas nos países em desenvolvimento. Já dizia o genial cientista judeu-alemão Albert Einstein: *"A palavra progresso não fará sentido enquanto houver crianças infelizes"*. E quantas estão por aí, meu caro Albert, a começar pelas que vivem nos grandes centros urbanos, respirando com dificuldade?... Será que os governos realmente andam governando para os seus povos?

---

* **Jesus abençoa as crianças** — (Evangelho, segundo Mateus, 19:13 a 15):

"13 Trouxeram-Lhe então algumas crianças, para que lhes impusesse as mãos, e orasse; mas os discípulos os repreendiam.

"14 Jesus, porém, disse: Deixai vir a mim os pequeninos, não os impeçais, porque deles é o Reino dos Céus.

"15 E, tendo-lhes imposto as mãos, retirou-se dali".

* * * * *

Que é "progresso de destruição"*[1]? É o que, por exemplo, promove a poluição assassina, o aumento do efeito estufa e a ferida na camada de ozônio, cuja tarefa é defender a vida na Terra, incluída a dos próprios promotores de tantos males... "Impulsionados" pela ambição de ganhar a qualquer preço, não percebem que põem em perigo a si mesmos, a pátria e a família. Não foi sem motivo que Jesus proferiu um famoso discurso que ficou conhecido como "O Sermão Profético*[2]", do qual se destaca "A Grande Tribulação". A respeito desse tema, Ele diz que, *"se Deus não abreviasse tais dias, nem os escolhidos* (aqueles que assim se tornam por suas próprias obras) *se salvariam"*. E mais: o Cristo advertiu que *"igual* (tribulação) *nunca houve, desde a criação da Terra, nem jamais se repetirá"*... E isso é lá brincadeira, pessoal?!

* * * * *

---

*[1] **"Progresso de destruição"** — Título de artigo publicado por Paiva Netto na *Folha de S.Paulo*, em 29 de junho de 1986.

*[2] Evangelho do Cristo, segundo Mateus, capítulos 24 e 25; consoante Marcos, 13; de acordo com Lucas, 21.

Detalhe da pintura "Planície de La Crau", obra de Vincent van Gogh (1853-1890).

Caro Anatole

O velho Anatole France*[1] (1844-1924) foi um crítico implacável dos costumes e da sociedade do seu tempo. Combatia com tenacidade os desmandos de que era testemunha, como a farsa contra o capitão judeu-francês Alfred Dreyfus*[2] (1859-1935), de quem, a exemplo de Rui Barbosa*[3] (1849-1923), Émile Zola*[4] (1840-1902) foi um defensor.

Consciências dedicadas à Paz

Estomagado com a frieza de sentimentos que percebia à sua volta, partindo de corações nos quais deveria habitar a concórdia, Anatole escreveu que *"a paz universal se realizará um dia, não porque os homens se tornarão melhores (não é permitido esperá-lo), mas porque uma nova ordem de coisas, uma ciência nova, novas necessidades econômicas hão de impor-lhes o estado pacífico, assim como outrora as próprias condições da sua existência os punham e os mantinham no estado de guerra"*.

Meu caro Jacques-Anatole-François Thibault (seu verdadeiro nome), com a sua consistente formação humanista — afastados, por sua conhecida veia poética, os desgostos que lhe causaram as observações de uma sociedade a gravitar em torno de uma exasperante egolatria —, seu brilhante Espírito Imortal haverá de entender que, para não se transformar em tormento perene dos povos, o mundo precisa de consciências dedicadas à Paz. Portanto, de Almas iluminadas pela Razão, pela Justiça, mas também pelo Amor, que é sinônimo de Caridade, de modo que exista uma *"nova ordem de coisas, numa ciência nova"*, para que *"a Paz universal"* venha a se realizar *"um dia"*. A análise limitada dos fatos humanos, políticos e sociais pela restrita visão de Espaço-Tempo terrenos tende a mostrar, mesmo às mais sagazes cerebrações, uma perspectiva sociológica desfocada, consequentemente desalentadora, dos acontecimentos. Há algo mais, porém, a começar pela existência de uma Lei Universal, chamada de Causa e Efeito, que dirige os destinos da Terra. Por isso, faz-se tão importante a compreensão desses Estatutos Divinos, os quais, levando em conta o nosso direito ao livre-arbítrio, concedem a cada um de acordo com o próprio merecimento, segundo a Lei da Reencarnação — definida por um respeitado sacerdote como *"o Judiciário de Deus"*. Sem a evolução do sentimento humano, toda e qualquer proposta de Paz fomentará, com certeza, o ceticismo de homens inteligentes como Você.

Não temer o lobo

William Ralph Inge*5 (1860-1954) advertiu que *"não adianta os cordeiros proclamarem o vegetarianismo enquanto o lobo mantém opinião diversa"*. No entanto, não podemos prosseguir continuamente temendo essa expectativa castradora de nossas iniciativas, porque o tempo urge. Ainda existe muita gente a querer tocar fogo no planeta*[6], tal qual nova Roma, como se outros Neros surgissem. Para avançar, é preciso não temer o lobo, mas revestir-se das armas da paciência e da determinação e fortalecer, nas horas de perigo, a Alma, como, por exemplo, nesta súplica de Santo Agostinho*[7] (354-430): *"Ó Deus! Permiti que o resplendor da Vossa Luminosidade clareie os recônditos do meu coração"* (...). Orar concede tranquilidade e força ao Espírito. Aclara a mente, de modo que conceba processos espirituais pragmáticos para que seja suplantada toda dificuldade. Anote, por favor, caro Anatole, esta lição do seu compatriota Honoré de Balzac*[8] (1799-1850), autor de *A Comédia Humana*: *"Todo poder é um composto de paciência e tempo"*. A Paz só vigorará neste orbe quando o ser humano finalmente entender e aceitar que ela apenas poderá surgir do coração sublimado das criaturas. O restante é o que se tem visto: ideologias fortemente cerebrais, tão em voga no seu tempo, cuja consequência geral Você conhece: muita expectativa e resultado a desejar. É, portanto, urgente unir cérebro e coração.

A enérgica mensagem para todos os que querem alcançar uma existência coletiva melhor encontra-se, de forma desafiadora, no Evangelho-Apocalipse de Jesus. Refutá-la como impossível sem nunca a ter estudado livre de ideias preconceituosas não é digno de eminentes pensadores. Seguir Jesus exige mais do que um intelecto desenvolvido: demanda um coração sensível, todavia libertário, a tal ponto corajoso que possa proclamar que, além das certezas incertas do mundo, paira uma Autoridade mais sólida que a das armas, porque fala suavemente às Almas e por elas se faz entendida. Napoleão Bonaparte (1769-1821)*[9], enquanto ia compreendendo a transitoriedade do poder político e a miséria da fortuna humana, eternizou, em um pensamento, esta verdade: *"Alexandre, César, Carlos Magno e eu*[*10] *próprio criamos impérios. Entretanto, de que dependiam essas realizações de nosso gênio? Da força. Eis a razão de sua tão efêmera existência. Apenas Jesus Cristo ergueu um império sobre o Amor. E é por isso que, até hoje, milhões morreriam por Ele".*

O grande desafio enfrentado pela maioria dos intelectuais céticos é que, no fundo, eles têm alma sensível ao sofrimento das massas. Desejam a melhoria das suas condições de existência. Anseiam que a Humanidade progrida. Mas não veem isso suceder a contento. Deveriam lembrar-se de Leibniz (1646-1716)*[11]: *"Natura non facit saltum"* (A Natureza não dá saltos). O lamentável é que muitos, ao término de sua jornada humana, se declaram desalentados. Tal coisa jamais deveria ocorrer, porque muito grande seria o prejuízo dos povos no dia em que suas vozes se calassem. Certamente, porém, quando cada um regressa à Pátria da Verdade, ou seja, ao Outro Mundo, seus olhos, surpresos, descortinarão — ao descobrir que a Vida prossegue após o túmulo — conforto e explicações que, afeitos às fronteiras da carne, não puderam (ou não quiseram) sequer imaginar. Entretanto, se tivessem aberto suas mentes faiscantes aos apelos dos seus Anjos Guardiães, teriam conduzido a sociedade por caminhos acertados, porque o ser humano, antes de ser corpo físico, é Espírito Eterno. Sem esse conhecimento, todo intelecto se resume à escola primária da existência.

---

*[1] **Anatole France** (1844-1924) — Nascido em Paris, França, é considerado um dos maiores escritores da história universal. Foi eleito, em 1896, membro da Academia Francesa. Suas obras são marcadas por um sutil humorismo, uma refinada ironia, com um estilo clássico e fácil de escrever. Anatole esteve envolvido no famoso caso Dreyfus, encontrando, nesta passagem, material para sua *História Contemporânea*, um de seus grandes sucessos. Criou também o conhecido M. Bergeret, personagem central de diversos livros seus. Em 1921, recebeu o Prêmio Nobel de Literatura.

*[2] **Alfred Dreyfus** (1859-1935) — De origem judaica, o militar francês tornou-se vítima de um dos maiores erros judiciais da história moderna. Ele foi, de maneira pérfida, acusado de passar informações secretas aos germânicos, as quais tinham a caligrafia forçadamente semelhante à sua. Por esse motivo, foi exilado na Ilha do Diabo, situada na costa da Guiana Francesa. Os debates a respeito do caso arrastaram-se até o capitão ser totalmente inocentado, em 1906. Logo após, retornou ao exército, participando da Primeira Guerra Mundial, que se iniciou em 1914 e durou quatro anos. Foi promovido, em 1918, a tenente-coronel da reserva e, um ano depois, eleito oficial da Legião de Honra.

*[3] **Rui Barbosa** (1849-1923) — Nasceu em Salvador/BA, Brasil. Representava o país no que este tem de mais elevado. Político, jornalista, jurisconsulto, estadista, abolicionista e escritor de raro

talento. Foi membro-fundador da Academia Brasileira de Letras. Principal redator do projeto da Carta Constitucional da República. Destacou-se na vida pública, tendo concorrido à presidência do país por mais de uma vez, realizando a famosa campanha civilista. É célebre também a sua participação no movimento revolucionário de 1893, no qual se rebelou contra o marechal Floriano Peixoto (1839-1895), pelo fato de este limitar as liberdades do cidadão. Em setembro deste mesmo ano, eclodiu a Revolta da Armada. Rui foi considerado pelas autoridades mentor intelectual do levante. Visando a não ser preso, viajou para Buenos Aires, Argentina, no dia 13 daquele mês. Quando já se encontrava em Londres, durante o exílio, o jurista brasileiro foi a primeira voz a se levantar em favor do capitão francês de origem judaica Alfred Dreyfus, acusado injustamente de traição, numa maré montante do antissemitismo que atingia, à época, o continente europeu. Em artigo publicado em 1895 no *Jornal do Commercio* (Rio), alertou para o fato de que aquele caso seria um dos maiores erros judiciários de todos os tempos. Coube a Rui outra relevante tarefa: a de representar o Brasil na histórica conferência ocorrida na Holanda em 12 de julho de 1907, na qual ganhou o título de "Águia de Haia", cidade onde ocorreu o famoso encontro, por deslumbrar o mundo com suas ideias. Embora tenha sido recebido com frieza, por ser representante de um afastado país sul-americano, ao proferir seu discurso sacudiu os presentes, quando, inflamado, falou de política e soberania, apesar da influência militar e econômica das nações poderosas. E, assim, ganhou o respeito e a admiração dos congressistas.

*4 **Émile Zola** (1840-1902) — Escritor francês, é tido como o fundador da corrente naturalista na literatura e um dos mais destacados romancistas de seu país. Entre as obras produzidas, destaca-se *Germinal.* Zola causou polêmica ao defender o oficial francês Alfred Dreyfus, condenado por traição. Com a carta aberta *J'Accuse* (Eu acuso), estampada na primeira página do recém-lançado jornal *L'Aurore*, cujo redator-chefe era nada mais, nada menos que Georges Clemanceau (1841-1929), futuro primeiro-ministro da França, no tempo da Primeira Guerra Mundial, denunciou irregularidades no processo e a falsificação grosseira de documentos. Por tamanho destemor, foi perseguido e condenado, tendo de fugir para a Inglaterra, de onde só retornou a Paris em 1900. Morreu acidentalmente em sua casa, asfixiado pelo gás que escapara do sistema de calefação doméstica.

*5 **William Ralph Inge** (1860-1954) — Professor, clérigo e escritor britânico, mestre em Eton, membro em Oxford, professor em Cambridge, autor de *Truth and Falsehood in Religion* (Verdade e Falsidade na Religião) (1906) e muitas outras obras.

*6 **Nota do autor** — Nero (37-68), uma figura que dispensa apresentações, foi acusado de ter provocado o incêndio na capital do famoso império, no ano de 64, a pretexto do qual moveu intensa perseguição aos cristãos, por responsabilizá-los pelo ocorrido. Sêneca (4 a.C.-65 d.C.), que morreu por ter discordado do nefando césar, deplorou o criminoso incêndio de Roma com estas palavras: *"Construir uma cidade leva uma geração. Para destruí-la, basta uma hora".* O nome verdadeiro de Sêneca era Lucius Annaeus Seneca. Nasceu em Córdoba, Espanha, por volta do ano 4 a.C. Tornou-se preceptor de Nero. Quando este foi nomeado imperador, converteu-se em seu principal conselheiro e tentou orientá-lo para uma política justa e humanitária. Durante algum tempo, exerceu influência benéfica sobre o césar, mas, aos poucos, sua presença não foi mais suficiente para conter o cruel soberano. Entre os últimos textos de Sêneca estão as *Epistolae morales*, dirigidas a Lucilius, em que reúne conselhos estoicos e elementos epicuristas na pregação de uma fraternidade universal, mais tarde considerada próxima ao Cristianismo. Acusado de participar na conjuração de Pisão, em 65, Sêneca recebeu de Nero a ordem de suicidar-se, que executou em Roma, no mesmo ano.

*7 **Santo Agostinho** (354-430) — Um dos mais conhecidos Santos da Igreja Católica. Em 395 foi sagrado bispo no pequeno porto de Hipona, onde desenvolveu intensa atividade teológica e pastoral, dando máxima expressão a seus dotes extraordinários no plano da especulação, da exegese e da compreensão psicológica da alma humana. Morreu em Hipona, a 28 de agosto de 430. Santo Agostinho escreveu mais de 400 sermões, 270 cartas que se assemelham a tratados doutrinários e 150 livros, mas pouco de sua obra foi traduzida para o português.

*[8] **Honoré de Balzac** (1799-1850) — Nasceu em Tours, na França, em 20 de maio de 1799. Aos 20 anos já escrevia e frequentava a alta sociedade de Paris e alguns anos depois se fez editor. Quase falido, intensificou a criação de folhetins, novelas e romances. Seu primeiro sucesso, *O Último Choan,* foi impresso em 1829. Depois disso, suas obras sucederam-se em velocidade espantosa. A partir de 1842, iniciou o trabalho de unificação do total de sua produção, sob o título geral de *A Comédia Humana*, que só foi publicada integralmente após sua morte.

*[9] **Napoleão Bonaparte** (1769-1821) — Nasceu em Ajaccio, Córsega, em 15 de agosto de 1769. Ao eclodir a Revolução Francesa em 1789, uniu-se aos jacobinos e serviu como tenente da recém-criada guarda nacional. Destacou-se como capitão de artilharia na retomada de Toulon, sendo nomeado general de brigada. Derrotou os piemonteses e austríacos, conseguindo para os franceses a lucrativa paz de Campoformio. Em sua chegada a Paris, o Corso, como também era conhecido, foi entusiasticamente recebido pela multidão. Entre outras vitoriosas campanhas militares, encontra-se a do Egito. Napoleão, com o golpe de Estado de 9 de novembro de 1799, dissolveu o Diretório e, com apoio dos moderados, assumiu o governo. Em 1813, enfrentou a coalizão das potências europeias, sendo derrotado em Leipzig. Seguindo-se à queda de Paris, em 30 de março de 1814, Napoleão renunciou à coroa, em 6 de abril, em Fontainebleau, indo para o exílio, na Ilha de Elba. Em março de 1815, aproveitando-se da impopularidade de Luís XVIII, o novo rei, Napoleão evadiu-se da ilha e, em marcha triunfal, entrou em Paris, ocupando durante cem dias o trono. Porém, em junho de 1815 foi derrotado em Waterloo. Deposto, foi expatriado para a Ilha de Santa

Helena, onde morreu em 5 de maio de 1821. Era dono de notável talento literário, escrevendo, além das memórias, publicadas dois anos após a sua morte, várias outras obras.

*10 **Alexandre, César, Carlos Magno e eu** — Todos formaram e/ou expandiram grandes impérios. Alexandre, o Império Macedônico; César, o Romano; Carlos Magno ficou conhecido como Rei dos Francos e Imperador do Ocidente, motivo pelo qual Napoleão refere-se a eles, incluindo-se.

*11 **Leibniz** (1646-1716) — Filósofo e matemático alemão, sagrou-se como o último dos grandes racionalistas do século 17.

A Paz desarmada jamais resultará apenas dos acordos políticos, todavia, igualmente, de uma profunda sublimação do espírito religioso. Como grandes feitos muitas vezes têm suas raízes em iniciativas simples, mas práticas e verdadeiras, de gente que, com toda a coragem, partiu da teoria para a ação, com a força da autoridade de seus atos universalmente reconhecidos, valhamo-nos deste ensinamento de Abraão Lincoln* (1809-1865): *"Quando pratico o Bem, sinto-me bem; quando pratico o mal, sinto-me mal. Eis a minha religião"*. Ora, ninguém nunca poderá chamar o velho Abe de incréu.

* **Abraão Lincoln** (1809-1865) — Lembrado como o abolicionista da escravatura negra em seu país, Lincoln é considerado um dos baluartes da moderna democracia e uma das maiores figuras da história norte-americana. Em 1860, disputou as eleições para a presidência da República, tornando-se o 16º Presidente dos Estados Unidos da América. Ao iniciar seu governo, em 1861, enfrentou a separação de sete Estados escravistas do sul, que formaram os Estados Confederados da América. O velho Abe, entretanto, não reconheceu essa separação, ratificou a soberania nacional sobre as unidades rebeldes e, exortando--as à conciliação, garantiu-lhes que jamais partiria dele uma ofensiva armada. Porém, os separatistas tomaram o forte Sumter, na Virgínia Ocidental, levando o país à histórica Guerra de Secessão. Os confederados renderam-se em 9 de abril de 1865, em Appomattox. Na noite de 14 de abril de 1865, uma Sexta-Feira Santa, o ator John Wilkes Booth (1839-1865), defensor da escravatura negra e com forte ligação com os confederados, membro de uma famosa família de atores, assassinou Lincoln, no Teatro Ford, em Washington.

Firmados na Lei Universal da Reencarnação, os antigos propunham, no *Livro dos Mortos*, que o idoso está perto de voltar a ser criança...

Alziro Zarur, escritor e poeta, costumava dissertar sobre o assunto. No *Livro de Deus*[*1], publiquei estas suas palavras: *"(...) na Proclamação do Novo Mandamento de Jesus, está declarado que: há tantas religiões ou igrejas quantos são os graus evolutivos das criaturas humanas, determinados pelas suas reencarnações. Claro que a Lei da Reencarnação é tão antiga quanto as criaturas de Deus. Doutrinas anteriores ao Espiritismo são reencarnacionistas, como observou Papus, pseudônimo de Gérard Encausse*[*2] *(1865-1916), médico muito conhecido em seu tempo, doutor em Cabala, clínico-chefe do Laboratório do Hospital Charité, de Paris, diretor da revista* L'Initiation, *membro da Ordem Martinista, da Or-*

dem Cabalista Rosa-Cruz etc. Escreveu ele: '... Com efeito, a Reencarnação foi ensinada como um mistério em todas as iniciações da Antiguidade'. Eis uma passagem dos ensinos egípcios, 3.000 anos antes da vinda de Jesus, sobre a Reencarnação: 'antes de nascer, a criança viveu; a morte nada termina. A vida é uma volta; ela passa semelhante ao dia solar que recomeça' (Fontane, Egyptes, 424)".

---

*[1] **Livro de Deus** — Foi lançado por Paiva Netto em praça pública, na presença de uma entusiástica multidão, na cidade de Curitiba, Estado do Paraná, Brasil, em 21 de outubro de 1982, terceiro aniversário do retorno de Alziro Zarur à Pátria Espiritual.

*[2] **Gérard Encausse** (1865-1916) — Médico que se tornou famoso no meio do ocultismo sob o pseudônimo de Papus. Escreveu mais de 160 títulos, entre livros e artigos, abordando assuntos relacionados à medicina e ao ocultismo. Suas principais obras são *Tratado Elementar de Ciências Ocultas, Tratado Metódico de Ciência Oculta, Cabala* e *Tratado Elementar de Magia Prática.*

Ser idealista...

Ser idealista, sim.
Mas, por favor,
com talento e
pragmatismo. É
preciso ter ideal e
sobretudo ser capaz
de realizá-lo,
para continuar
merecendo a bênção
de Deus.

Egoísmo e arrogância: duas chagas no relacionamento social. É urgente que o mundo se livre delas, antes que tenha de fazer severa *"penitência no pó e na cinza"*, como Jó* (42:6), no Antigo Testamento da Bíblia Sagrada.

---

* O autor refere-se, nesta passagem, ao arrependimento de Jó, consequente da blasfêmia proferida por ele quando questionava a Justiça de Deus para com os perversos. Encontramos o seguinte trecho no Antigo Testamento da Bíblia Sagrada, livro de Jó, 24:1: *"Por que o Todo-Poderoso não designa tempos de julgamento? E por que os que o conhecem não veem tais dias?"*. E ainda este, em 24:25: *"Se não é assim, quem desmentirá e anulará as minhas razões?"*.

Como resposta ao apelo dele, falou o Senhor, no mesmo livro, 38:2: *"Quem é este que escurece os meus desígnios com palavras sem conhecimento?"*.

Depois disso, reconhecendo o erro (42:3), afirmou Jó: *"Na verdade falei do que não entendia, coisas maravilhosas demais para mim, coisas que eu não conhecia"*.

Por isso, Paiva Netto relembra, no seu texto, as palavras do Profeta: *"me arrependo no pó e na cinza"* (42:6). Ou seja, é na dor, no abandono do pecado e na tomada de consciência da fragilidade humana que a pessoa é capaz de avaliar seu destino e pode dar um novo rumo à sua vida, aqui e no Plano Espiritual.

"Maçãs e laranjas", obra de Paul Cézanne. Museu do Louvre, Paris (França).

Um dia desses me contaram que o renomado político norte-americano Bill Clinton*[1] teria dito que *"ser presidente é como administrar um cemitério, com uma porção de gente debaixo de você, mas sem que ninguém o escute"*. Bela frase de efeito, politicamente justificada. Só que, na chamada "casa dos defuntos", há de tudo, menos mortos. Todos continuam vivos. Apesar de a maioria deles, na forma de Espírito, não permanecer mais lá, existem muito mais ouvidos atentos ao que se diz e se faz do que na esfera considerada dos vivos. Zarur ensinava: *"Não há morte em nenhum ponto do Universo"*. O grande erro da Humanidade é insistir que o sepulcro constitua o termo da existência. Victor Hugo*[2] (1802-1885), dramaturgo e poeta, pensador de fina sensibilidade, escreveu: *"Os mortos são invisíveis, mas não ausentes"*. No dia que todos compreenderem isso, tanta coisa vai mudar para melhor neste mundo*[3]...

---

*[1] **Bill Clinton** — Nasceu em Hope, Arkansas, em 19 de agosto de 1946. Seu nome completo é William Jefferson Clinton. Foi eleito Presidente dos Estados Unidos da América, em 1992, e reeleito, em 1996.

*[2] **Victor Hugo** (1802-1885) — Poeta, romancista, teatrólogo e político francês. Escreveu uma obra grandiosa e variada, sendo o porta-voz, na poesia, do Romantismo na França. Quando a Revolução de 1848 é deflagrada, Victor entusiasma-se com os ideais revolucionários das camadas mais pobres. Eleito deputado, transforma-se em um dos mais eloquentes opositores de Luís Napoleão. Quando Napoleão, o Pequeno, se torna imperador, é obrigado a exilar-se. Nessa época, escreve *A Lenda dos Séculos* (1859-1883) e o romance *Os Miseráveis* (1862).

*[3] Jesus, o Cristo, no Evangelho, segundo Marcos, 12:27, adverte que *"Deus é Deus de vivos, não de mortos. Por não acreditardes nisto, errais muito"*.

Enquanto a disciplina do casamento fundamentalmente depender de freios jurídicos, a Humanidade não conseguirá ser feliz. Entendemos a necessidade da lei para a segurança das famílias. Contudo, o Amor é essencial.

O filósofo grego Demócrito* (aprox. 460-370 a.C.) deixou anotado que *"o princípio de todas as coisas são os átomos. (...) A Alma compõe-se de átomos e não é distinta da mente"*. Ora, o Espírito não é resultado, mas Causa. ***Deus é Espírito*** eterno, pregou o Cristo (Evangelho, segundo João, 4:24). Por ser perene, trata-se, pois, do procurado Moto-Contínuo do Universo, a origem de tudo e sua sustentação. O ser humano abriga potencialmente em si, como criatura, as capacidades do Criador. Todavia, empregá-las de modo a retirar delas o melhor proveito apenas se torna possível quando o Amor Fraternal é o critério. João Evangelista ensinou, conforme aprendera com Jesus, que *"Deus é Amor"* (Primeira Epístola de João, 4:8). E Zarur completava: *"E nada existe fora desse Amor"*.

---

* **Demócrito** (aprox. 460-370 a.C.) — Filósofo, físico e matemático, nasceu em Abdera (Grécia). Não foi o primeiro a propor uma teoria atômica, mas sua visão do mundo físico é mais elaborada e sistemática do que a de seus predecessores. Hoje, sabe-se que ele estava correto em grande parte de sua teoria, apenas falhou ao afirmar que os átomos são indivisíveis. Como filósofo, deixou também um legado sobre ética, política e educação, sendo considerado um dos maiores escritores da Antiguidade.

Moto-Contínuo é o mesmo que Moto-Perpétuo. Imaginemos, valendo-nos da explicação tradicional, um aparelho que funcionasse para todo o sempre sem consumo de energia, apenas movido por um sistema que continuamente transformasse energia em trabalho. Pelo atual patamar da Ciência, tamanho feito é impossível de ser realizado, pois se opõe aos dois primeiros princípios da Termodinâmica: *"Primeiro princípio — Existe uma função V (a energia interna cuja variação durante uma transformação depende unicamente do estado inicial e do estado final). (...) Segundo princípio (de Carnot*[*1]*) — Exprime a irreversibilidade dos processos macroscópicos espontâneos. Existem inúmeros enunciados desse princípio, todos equivalentes (...)".*

Essa restrição se compreende em virtude do estágio contemporâneo do conhecimento científico, que, por sinal, se vai libertando dos grilhões materiais. Assim, de certa forma, aproximando-se da *Causa causarum*, ou Causa das causas: Deus, que é Espírito. "Desmaterializada a Física", os fundamentos científicos da Termodinâmica haverão de perder suas bases tradicionais, finalmente possibilitando a descoberta da fórmula do Moto-Perpétuo, sustentada nas novas concepções de uma ciência que transcende a matéria. O Espírito é a origem de tudo. Não se trata de uma reação química do corpo humano. Por ser eterno, infinita é a sua energia, a qual se transforma em trabalho, sem que se desgaste. O Espírito é o Moto-Perpétuo. Deus é Espírito. Portanto, Deus é o Moto-Contínuo.

Pelo prisma espiritual, o Moto-Perpétuo não é impossível de ser concebido, o que se dará a partir da compreensão científica do Mandamento Novo de Jesus, ou seja, o **Amor elevado à potência infinita** (Evangelho, segundo João, 13:34 e 35; 15:7, 8, 10 a 17 e 9). Essa Lei revelada pelo Cristo significa, pois, *"a essência de Deus"*, na conclusão de Alziro Zarur. O Universo (e o que poderá tê-lo antecedido) é impulsionado por qual energia? Pelo Moto-Perpétuo, ou seja, o Espírito Divino, que a Ciência, na época apropriada, desvendará e da qual possivelmente fará o resumo na forma de uma extraordinária equação. Max Planck*[2] (1858-1947), com a Ciência Quântica, e Albert Einstein, com a Teoria da Relatividade, deram, no mundo moderno, a partida para o grande feito, que a filosofia dos gregos tangenciou e a mística (bramânica e budista) há muito vem apontando. Um dos maiores óbices a serem vencidos pelos seres humanos na grande trajetória para a compreensão de Deus, sob o ponto de vista da Ciência, é deliberar a respeito de que estão pesquisando: sobre Que ou Quem? Ou sobre o Deus Quem e/ou Quê? (não o quê, como uma lata na rua, ou um pedaço de papel rasgado), todavia um Quê Divino, o qual, quando a Ciência O decifrar, abrir-lhe-á horizontes em dimensões múltiplas da Sabedoria e da Moral quintessenciadas. Questões que instigaram estudiosos do quilate de filósofos, a exemplo do escritor brasileiro Huberto Rohden*[3] (1893-1981) e do sociólogo italiano Pietro Ubaldi*[4] (1886-1972).

*1 **Carnot** (1796-1832) — Seu nome completo era Nicolas Léonard Sadi Carnot. Filho de Lazare Carnot (figura de importância na política francesa dos séculos 18 e 19), nasceu em Paris, França, em 1796. Considerado um dos pais da moderna Termodinâmica, fez a primeira abordagem racional dessa ciência em seu livro *Reflexões sobre a potência motora do fogo e as máquinas próprias para desenvolver essa potência*, no qual estão condensados os princípios do famoso ciclo de Carnot. Morreu em sua cidade natal em 1832.

*2 **Max Planck** (1858-1947) — Prêmio Nobel de Física em 1918, este físico teórico alemão enunciou a hipótese que explicava matematicamente a curva do espectro do corpo negro. Para tanto, precisou postular que as trocas de energia ocorrem de modo descontínuo, em "pacotes" indivisíveis. Planck chamou esses pacotes de "quanta" de luz. Hoje, eles são conhecidos como "fótons", as "partículas" da luz. Com essa novidade, ele fundava a Teoria Quântica. Esta tese daria seus primeiros resultados concretos anos depois, permitindo a Einstein explicar o fenômeno fotoelétrico. A resistência ao nazismo custou-lhe o afastamento da presidência da Sociedade Científica que hoje leva o seu nome e, em 1944, a perda de seu filho, Erwin, executado após sofrer a acusação de ter participado de uma conspiração contra a vida de Hitler.

*3 **Huberto Rohden** (1893-1981) — Cientista, escritor e filósofo brasileiro, nascido em Tubarão/SC, em 1893. Formou-se em Ciências, Teologia e Filosofia em universidades da Europa. Em 1946, foi convidado pela American University de Washington para reger as cadeiras de Filosofia Universal e de Religiões Comparadas. Viajou o mundo em busca de novas experiências e de novos estudos. Trouxe para o Brasil uma filosofia que tem como base do pensamento e da vida humana a constituição do próprio Universo. Morreu em São Paulo/SP, Brasil, em 1981, deixando mais de 100 obras publicadas.

*4 **Pietro Ubaldi** (1886-1972) — Filósofo e sociólogo italiano. Escreveu "A Missão Histórica do Brasil no Mundo", sobre a formação e os destinos desta Pátria. Seu estudo encontra-se na revista *Boa Vontade* nº 4, de outubro de 1956, e (resumo) no livro *Apocalipse sem Medo,* de Paiva Netto, Editora Elevação, 18ª edição, p. 308.

"Barcos à Vela em Argenteuil", obra de Pierre Auguste Renoir (1841-1919). Acervo do Museu de Arte de Portland (EUA).

Para vivermos o Bem na Terra, devemos conhecer os Estatutos do Céu, as Leis Divinas, que, pela força do Amor Fraterno e da Justiça, conduzem o Universo. A descoberta dessas Leis já está sendo realizada pela Ciência, que, passo a passo, vai se desfazendo dos traumas de antigos preconceitos acadêmicos, os quais nunca deveriam existir em seu iluminado meio.

Chama-nos a atenção um comentário didático do dr. Moacir Costa de Araújo Lima, notável orador espiritualista, licenciado e bacharel em Física, bacharel em Direito, professor universitário e conferencista, em seu livro *A Nova Física e o Espírito*, na página 49, que vem ao encontro da nossa maneira de interpretar tão importante assunto:

"(...) Mas nós dizíamos que pouco a pouco a matéria foi perdendo sua substancialidade, foi cedendo lugar para a energia. A grande realidade cósmica é a energia, e a matéria é dela um caso particular. E novas formas de energia vão sendo descobertas sucessivamente. E, quanto à mais citada teoria física do momento, ou seja, a Teoria Quântica? É interessante que

se saiba que a Teoria Quântica é dos idos de 1900, é do início do século 20 e só agora faz um sucesso extraordinário. Parece que o homem amadureceu para a sua interpretação".

Logo na introdução do seu livro, nas páginas 7 e 8, explana o ilustre pesquisador:

"(...) Veremos, nos modelos quânticos, a progressiva ***desmaterialização da física****, quando nos deteremos* ***numa revolução científica, menos divulgada porém fundamental****, que antecipou conceitos como o do dualismo e da relatividade. Depois chegaremos à revolução trazida por um pensador que buscou métodos racionais, absolutamente científicos, para analisar o que para muitos é ainda um tabu: a realidade espiritual do homem. Referimo-nos ao que chamaremos a revolução de Allan Kardec. Ao final, examinaremos as consequências dessa nova visão do homem e do universo para nosso aperfeiçoamento e felicidade".* (Os destaques são nossos.)

Enfim, estamos, pouco a pouco, assistindo à espiritualização da Ciência, anunciada também por Hernani

Guimarães Andrade, padre François Brune, Francisco Cândido Xavier*, Emmanuel, André Luiz e Alziro Zarur, por exemplo.

Escreveu Zarur: *"Religião, Filosofia, Ciência e Política são quatro aspectos da mesma Verdade, que é Deus"*.

---

* **Francisco Cândido Xavier** (1910-2002) — Considerado um dos maiores médiuns do Brasil, psicografou mais de 400 livros com mensagens do Mundo Espiritual. Grande amigo da Legião da Boa Vontade (LBV), foi homenageado com a Comenda da Ordem do Mérito da Fraternidade Ecumênica, do ParlaMundi da LBV — edição 1997, na categoria *Religião*. Chico Xavier é Legionário da Boa Vontade, inscrição nº 15.353, de 3 de julho de 1956, cujo documento foi assinado em Pedro Leopoldo/MG. Faleceu aos 92 anos, na cidade de Uberaba/MG, em 30 de junho de 2002. Naquele dia, o Brasil tornava-se pentacampeão da Copa do Mundo de Futebol.

...nós, seres humanos

Que nós, seres humanos e espirituais, saibamos mitigar a dor dos que padecem e regozijar-nos no júbilo dos que se alegram. Ou seremos tudo, menos Humanidade, na Terra ou no Céu da Terra.

Fazer prece

Quando se ora,
a Alma respira,
fertilizando a
existência humana.
Fazer prece é essencial para
desanuviar o
horizonte do
coração.

Na verdade, o ser humano corre, corre, corre, até que, fatigado, para, pensa e descobre que o paraíso, que instintivamente procura, se encontra pertinho, dentro de si mesmo. Disse o Cristo: *"O Reino de Deus está dentro de vós"* (Evangelho, segundo Lucas, 17:21). Ouçamos, então, o Divino Mestre*[1] — porquanto Ele é o mais competente Educador do planeta — e nos daremos perfeitamente bem, no plano terrestre ou no Mundo Espiritual*[2] (ainda) Invisível.

---

*[1] **Divino Mestre** — É como Francisco de Assis, Patrono da Legião da Boa Vontade (LBV), respeitosamente chamava Jesus.

*[2] **Nota do autor** — **Os mortos não morrem. Portanto, a Vida Espiritual não é uma abstração.** No segundo volume da coleção *Diretrizes Espirituais da Religião de Deus, do Cristo e do Espírito Santo,* 2ª ed., p. 283, anotei o seguinte: Quais as consequências, por exemplo, de um parlamentar **realmente** compreender que há vida após a morte do corpo físico? E, ainda mais, reconhecer que existem, na Dimensão Espiritual, políticos capacitados a inspirar-lhe grandes decisões, sem lhe tolher o livre-arbítrio, pois o relacionamento será consciente. E, da mesma forma, para os religiosos, os filósofos, os cientistas, os esportistas etc... Há vida inteligente cá e lá. E, como cá, lá habitam Espíritos em várias condições evolutivas. Nem todos são de Luz. A presença dos Espíritos elevados, auxiliando-nos como Anjos da Guarda, dependerá de nossos bons pensamentos e de nossa forma correta de agir. Por isso, é imprescindível, para não cair em tentação, *orar e vigiar* sempre, como ensinou Jesus (Evangelho, segundo Marcos, 14:38).

Nada mais operacional do que fraternalmente chegarmos ao coração das criaturas. O restante é burocracia, boa ou não.

À medida que envelhecemos, mais depressa o futuro se aproxima de nós. O amadurecimento nos rejuvenesce quando mantemos a Alma iluminada pelo bom ideal vivo.

Jesus veio à Terra realizar a maior revolução jamais vista, pois se concretiza na Alma. Nesta se encontra a geratriz da riqueza ou da miséria, da libertação ou da escravatura do Ser. Por isso são tão necessários, sob Sua Divina Claridade, Educação e Cultura, Alimentação (de corpo e espiritual), Segurança, para que possa haver Saúde e Trabalho, mas com Espiritualidade Ecumênica, sob a regência da Alma iluminada pelo espírito fraterno, que, além de proclamar a Solidariedade, a põe em prática.

O Cristo é um estado perene de juventude, porquanto de satisfação espiritual.

Quando verdadeiramente reconhecerem que a liberdade de Deus as criou, religiões e ideologias deixarão de ser, como por vezes se verifica, algemas. Em virtude disso, selecionei este pensamento do saudoso amigo, presidente da Academia Brasileira de Letras (ABL), Austregésilo de Athayde* (1898-1993), para gáudio de Vocês: *"A verdadeira religião ensina, orienta, edifica, porém não ameaça. A infinita bondade de Deus não pode ser clava mortal para os pecadores"*.

* **Austregésilo de Athayde** (1898-1993) — Jornalista e escritor brasileiro, foi eleito Presidente da ABL, em 1959, dirigindo-a até seu falecimento. Foi também presidente de Honra do Conselho de Construção do Parlamento Mundial da Fraternidade Ecumênica, o ParlaMundi, da LBV. O "Baluarte das Artes Nacionais", como também era conhecido, chegou a enviar a Paiva Netto, o construtor do Templo da Boa Vontade (TBV) e do ParlaMundi, missiva em que se confessava lisonjeado com o convite que lhe fora remetido para associar-se ao Conselho do novo fórum: *"Com responsabilidade de coautor da Declaração Universal dos Direitos Humanos, apraz-me fazer parte desse egrégio Conselho. O Parlamento Ecumênico é algo que corresponde muito aos meus próprios ideais de servir à Humanidade (...)"*. O saudoso presidente da ABL já desejava o surgimento desse intercâmbio, como se lê no bilhete endereçado ao autor desta obra, em 20 de maio de 1992: *"Ao jornalista e amigo Paiva Netto: Muito apreciaria se o prezado patrício e amigo viesse, numa dessas quintas-feiras à sua escolha, tomar chá na Academia Brasileira de Letras. Assistindo a uma sessão da nossa entidade e expondo-lhe os objetivos de sua organização, criaríamos entre as duas instituições laços de cooperação de recíproca utilidade. Com um abraço afetuoso, Austregésilo de Athayde"*. Após seu falecimento, o também inesquecível Barbosa Lima Sobrinho (1897-2000), presidente da Associação Brasileira de Imprensa (ABI), assumiu a presidência honorífica do Conselho. *"Manifesto a disposição de aceitar o convite que me foi feito para fazer parte do Conselho de Honra do Parlamento Mundial da Fraternidade Ecumênica (...). Não posso deixar de aprovar qualquer movimento de Caridade, sobretudo quando tem a presença de Paiva Netto (...)"*, escreveu. O ParlaMundi, hoje, é uma realidade e celebra, com prazer, a memória dessas duas grandes figuras brasileiras, a exemplo do Auditório Austregésilo de Athayde, que funciona no pavimento térreo do local.

Quem não é
capaz de assumir
uma atitude correta
acaba consumido pela
circunstância criada por sua
omissão.

"Dresden, a Cidade Nova, nº 4", obra de Oskar Kokoschka (1886-1980). Pinacoteca, Hamburgo (Alemanha).

Dinheiro e fama podem tornar-se um pesado fardo para o ser humano. Dificilmente trazem felicidade. A não ser à medida que correspondam a benefícios promovidos em favor do coletivo. Eis um caminho para a Paz entre aqueles que tudo têm e os que necessitam de auxílio: Solidariedade.

Quando Você compreende o sentido da renúncia, aprende a amar. É nesse momento que a felicidade genuinamente se apodera do seu coração. Lição do *Bhagavad-Gita**: *"Conhece a Paz quem esqueceu o desejo"*.

* **Bhagavad-Gita** — Significa "Canto do Divino Senhor" ou "O canto do Bem-Aventurado". Poema místico-filosófico, é o episódio mais célebre do *Mahabharata* e o texto mais venerado pelos hindus. É um verdadeiro compêndio das ideias da Espiritualidade da Índia. Nele, Krishna transmite a Arjuna, filho de Indra, o ensinamento da filosofia bramânica, referente ao dever próprio dos membros de cada casta e aos meios para se libertar do fluxo dos renascimentos.

Milhões e milhões de mulheres, homens, jovens e crianças libertários põem o puro ideal ecumênico acima de todos os sectarismos, decididos que se encontram na construção de uma Humanidade mais feliz. Na revista *Boa Vontade* nº 25, de julho de 1958, encontramos registrado este oportuno pensamento de um anônimo: *"O respeito aos ideais alheios é a condição principal para materializarmos os nossos próprios ideais"*.

Quando as Almas se despem da vaidade excessiva, resplandece a sua grande luz espiritual. Ensinou o Buda* que *"a verdade está dentro de nós. Não surge das coisas externas, mesmo que assim acreditemos. Há um centro interno onde a verdade habita em sua plenitude"*.

---

* **Buda** — O maior de todos os Budas, o que fundou o Budismo, foi Siddharta Gautama. Originário de uma família nobre, era mantido pelo pai, o rei Suddhodana. Uma tradição relata que a partir do instante em que teve contato com o sofrimento, andando pelos arredores do palácio, ao se deparar com a doença, a miséria, a velhice, a morte, ou seja, com a vida real, bem distante da existência luxuosa, deixou de lado todos os bens materiais, para dedicar-se inteiramente à vida espiritual. Partindo do ponto de que viver é sofrer, o Buda estabeleceu normas orientando o sentido da perfeição.

Transformações duradouras geralmente surgem nos instantes de grande agitação histórica. Os tenazes crescem em tempos de refrega. Se o fizerem com o pensamento firmado na Paz, o efeito de seus esforços marcará sua passagem pela Terra com o sinete da Luz. O ilustre médico brasileiro dr. Adolfo Bezerra de Menezes Cavalcanti* (1831-1900) ensinava que *"se aspiramos transmitir a Paz, se queremos elevar o coração da criatura, não podemos prescindir, em nossas vidas, de uma profunda e radical mudança na busca do fortalecimento da Fé e do entendimento dela"*.

---

* **Adolfo Bezerra de Menezes Cavalcanti** (1831-1900) — Personalidade ímpar na história da Monarquia e no início da República no Brasil, além de abolicionista inflamado, foi também líder do Partido Liberal e presidente da Câmara Municipal da Corte no Rio de Janeiro, cargo equivalente ao de prefeito nos dias atuais. Médico por formação, foi destacado presidente da Federação Espírita Brasileira (FEB). É também conhecido como "O Kardec brasileiro". Por sua dedicação aos menos favorecidos, era carinhosamente chamado de "O Médico dos Pobres". Atualmente é um dos mais importantes colaboradores na Revolução Mundial dos Espíritos, anunciada pelo saudoso Alziro Zarur, fundador da LBV, em 1953. Ao título, criado por Zarur, Paiva Netto acrescentou "de Luz", pois essa Revolução surgiu para iluminar o ser humano e seu Espírito Eterno.

A Pequena Rua",
bra de Johannes
'ermeer (1632-1675).
Iuseu Real de
msterdã (Holanda).

Devemos cultivar soluções onde alguns só enxergam problemas. Oportunidades sempre são plantadas por Deus à nossa volta. Colhê-las ou não compete a cada um que saiba lavrar bem a seara da vida com seu livre-arbítrio.

Haverá um dia em que as armas terão, por fim, suas sinistras vozes caladas. Ainda no terceiro milênio, mesmo que demore, os seres humanos entenderão que a essência do poder não se encontra propriamente neles, mas, sim, no espírito de Solidariedade, que a todos deve irmanar. Resta muito por fazer. Portanto, mãos à obra! O tempo não se detém para esperar pelos humores de quem quer que seja.

O estágio de fragilidade moral do mundo é tão avançado apesar dos progressos atingidos, que, para acabar com a violência, só existe uma medicina forte: a da escalada da Fraternidade Solidária, aliada à Justiça, na Educação. Por isso, ecumenicamente espiritualizar o ensino é um poderoso antídoto contra a agressividade. Por falar na "Senhora de Olhos Vendados", aqui um ilustrativo pensamento do ensaísta francês Luc de Clapiers, Marquês de Vauvenargues* (1715-1747): *"Não pode ser justo quem não é humano"*. Por conseguinte, também não pode ser feliz.

---

* **Nota do autor** — Alziro Zarur, fundador da Legião da Boa Vontade, apreciava citar um aforismo de Vauvenargues: *"A perfeição de um relógio não reside no fato de andar depressa, mas no fato de regular perfeitamente"*.

Podemos, hoje, falar de Ecumenismo Total, que vai além do Ecumenismo Irrestrito, porque propõe a união deste mundo com o Outro. Afinal de contas, os mortos verdadeiramente não morrem*[1]. Eles são, agora, o que seremos amanhã. O célebre evangelista norte-americano Billy Graham*[2] escreveu: *"A morte não é o fim, mas o começo de uma nova dimensão de vida — a vida eterna. (...) Pela Sua ressurreição de entre os mortos, Jesus demonstrou — sem qualquer sombra de dúvida — que existe vida após a morte"*.

---

*[1] **"Os mortos não morrem"** — Este pensamento de Paiva Netto se encontra grafado em hieróglifos e em sete idiomas na entrada da Sala Egípcia do Templo da Boa Vontade (TBV). Aclamado pelo povo como uma das Sete Maravilhas de Brasília/DF, Brasil, o Templo da Paz foi fundado por Paiva Netto, em 21/10/1989, na presença de cerca de 100 mil pessoas, que vieram de todas as partes do país e do mundo. O grande acontecimento foi transmitido para diversas nações por intermédio de ampla rede de emissoras de rádio e televisão. De lá para cá, o TBV recebeu mais de 25 milhões de peregrinos e turistas. Segundo dados oficiais da Secretaria de Estado de Turismo do Distrito Federal (Setur-DF), é o monumento mais visitado do DF. Ao lado do ParlaMundi e de sua sede administrativa, a Pirâmide das Almas Benditas forma o Conjunto Ecumênico da Legião da Boa Vontade. Informações: (61) 3114-1070 / www.tbv.com.br. Visite: 915 Sul, Brasília/DF.

*[2] **Billy Graham** — Nascido em Charlotte, Carolina do Norte, em 1918, é um dos mais conhecidos e respeitados líderes evangélicos dos Estados Unidos.

Os Quatro Pilares do Ecumenismo

Ecumenismo Irrestrito e Ecumenismo Total*[1]

O Ecumenismo Irrestrito prega o perfeito relacionamento entre todas as criaturas da Terra. O Ecumenismo Total preconiza a fraterna aliança da Humanidade da Terra com a do Mundo Espiritual Superior e com qualquer civilização que possa haver no Espaço. Por que não?! Todo o Universo está aí para que apenas o fiquemos (à exceção dos astrônomos, pensadores e poetas) ociosamente apreciando?! E olhe lá, quando nos lembramos de erguer os olhos para ele... Seria pretensão de nossa parte admitir a impossibilidade da existência de outras formas de vida no Cosmos. Outro ponto: nem tudo (ou todos) que lá por fora exista tem por obrigação parecer conosco. Quando o ser humano isso compreender, estará mais apto a vivenciar as outras duas etapas: Ecumenismo dos Corações e Ecumenismo Divino.

Ecumenismo dos Corações e Ecumenismo Divino

O Ecumenismo dos Corações é aquele que nos convence a não perder tempo com ódios e contendas estéreis, **mas a estender a mão aos caídos, pois se comove com a dor**; tira a camisa para vestir o nu; contribui para o bálsamo curativo do que se encontra enfermo; protege os órfãos e as viúvas, como ensina Jesus, no Evangelho, segundo Mateus, 10:8. Quem compreende o alto sentido do Ecumenismo dos Corações sabe que a Educação com Espiritualidade Ecumênica tornar-se-á cada vez mais fundamental para o progresso dos povos, porque **Ecumenismo é Educação aberta à Paz**; para o fortalecimento de uma nação (não para que domine as outras); portanto, o abrigo de um país e a sobrevivência do orbe que nos agasalha como filhos nem sempre bem-comportados.

Ao passo que o Ecumenismo Divino é o contato socioespiritual entre a criatura e seu Criador. (...) Portanto, falo da universalização do ser humano que se integra na sua origem divina, tornando-se o Homem-Vertical, quer dizer, o Homem-Espiritual, ou mais: o Homem-Espírito. É o fim do império da matéria, pela pura e simples compreensão de que ela não existe (porquanto o próprio átomo é cheio de espaços vagos[*3]). Daí eu já ter afirmado que matéria também é Espírito[*4].

[*1] **"Ecumenismo Irrestrito" e "Ecumenismo Total"** são expressões criadas por Alziro Zarur.

[*2] **"Ecumenismo dos Corações"** e **"Ecumenismo Total"** são definições grafadas por Paiva Netto.

Nota do autor

[*3] **(...) o próprio átomo é cheio de espaços vagos** — Embora assim talvez não o seja em outras frequências a ser mais bem investigadas ou, mesmo, descobertas. Um desafio à instigante mecânica quântica.

[*4] **Matéria também é Espírito** — Veja a citação na p. 46.

O grande poeta brasileiro Carlos Drummond de Andrade* (1902-1987) costumava dizer que *"quanto mais consciência você tem do valor das palavras, mais fica exigente no emprego delas"*. Portanto, saibamos absorver o real sentido dos ensinamentos de Deus, que bem conhece o "valor das palavras". A Mensagem do Pai Celestial, que é Amor, não pode ser discernida segundo o conceito sombrio do ódio. Que tal analisá-la e cumpri-la sob a inspiração da Fraternidade? É bem mais civilizado.

---

* **Carlos Drummond de Andrade** (1902-1987) — Mineiro de Itabira do Mato Dentro, começou a carreira de escritor em 1921, quando colaborou com as edições do *Diário de Minas*, órgão que aglutinava membros do movimento modernista do Estado. Publicou em 1928, na *Revista de Antropofagia*, o poema "No meio do caminho", que provocou muitos comentários na sociedade. Ingressou no funcionalismo público e, em 1934, mudou-se para o Rio de Janeiro/RJ. Em agosto de 1987, morreu sua única filha, Maria Julieta Drummond de Andrade, que foi, durante muitos anos, diretora do Centro de Estudos Brasileiros em Buenos Aires. Doze dias depois, o poeta faleceu. Deixou várias publicações, entre elas obras em prosa e livros de poesia, traduzidos para diversos idiomas. Ficou imortalizado como uma das mais importantes figuras da poesia moderna brasileira.

Os povos geralmente conseguem sobreviver às maiores confusões que lhes surgem no caminho. É muito boa essa teimosia, esse bom senso de tanta gente que fundamenta as suas ações na Coragem, como também no Amor, no Bem, na Solidariedade, na Fraternidade e na Razão esclarecida pelo raciocínio iluminado por Deus. Todavia, jamais no fanatismo.

Tamanho denodo é que tem feito a Humanidade subsistir a tanta loucura. A seguinte lição de Isaías, no seu livro do Antigo Testamento da Bíblia Sagrada (32:17), referenda essa realidade quando afirma: *"O efeito da Justiça será Paz, e o fruto da Justiça, repouso e segurança para sempre"*.

Pedro Apóstolo, em sua Primeira Epístola (4:8), pregava ao povo, dizendo: *"Tende, antes de tudo, ardente Amor uns para com os outros, porque o Amor cobre uma multidão de pecados"*. Fazer revolução é isto: com ardente Amor, ou seja, com paixão, Fé e Boa Vontade, sacudir as Almas, despertar os Espíritos, iluminando sua consciência, sem conduzir os seres humanos à dor ou à morte. Quase dois milênios depois, Gandhi* (1869-1948), o ícone indiano da filosofia da não violência, declarou: *"Quando o homem chega à plenitude do Amor, neutraliza o ódio de milhões"*. E, como fez o próprio Mahatma, indica ao povo o caminho da libertação.

* **Gandhi** (1869-1948) — Mohandas Karamchand Gandhi é o nome completo do líder indiano. O Mahatma, que significa "grande alma", ficou conhecido por sua liderança pacifista e é, com certeza, a personalidade principal da independência da Índia. Em 1891, formou-se em Direito na Inglaterra e voltou à Índia, onde exerceu a profissão. Dois anos depois, iniciou um movimento na África do Sul — àquela altura colônia britânica —, no qual objetivava lutar contra o racismo e pelos direitos dos hindus. Em 1914, voltou a seu país e difundiu seu movimento, cujo método principal era a resistência passiva, pregando a não violência como forma de luta. Em 1922, foi detido após organizar uma greve contra o aumento de impostos, sendo condenado a seis anos de detenção. Porém, foi libertado em 1924. Em 1930, liderou a marcha para o mar, uma caminhada de 320 quilômetros para protestar contra os preços dos tributos britânicos e a proibição aos indianos de fabricar sal. Por isso, sua iniciativa tornou-se famosa sob o nome de "a Marcha do Sal". Em 1931, reivindicou a liberdade de seu país na II Conferência da Mesa-Redonda, em Londres. De volta à Índia, em dezembro do mesmo ano, após reiniciar sua campanha de libertação, foi novamente preso. Finalmente, em 1947, foi proclamada a independência da Índia. Gandhi trabalhou também para evitar o embate entre muçulmanos e hindus, que estabeleceram um Estado separado, o Paquistão, dividido em duas frações, uma das quais, anos depois, se tornou Bangladesh. Acusado pela divisão territorial da Índia, atraiu o ódio dos nacionalistas hindus. Um deles o assassina a tiros no ano seguinte, quando Gandhi tinha 78 anos. Na época, foi cremado, e mais de um milhão de indianos compareceram ao seu funeral. Parte de suas cinzas foi jogada nas águas sagradas do rio Jumna. Passados 49 anos de sua morte, outra parte de suas cinzas foi lançada, numa cerimônia especial, no rio Ganges, na cidade de Allahabad, local sagrado para os hinduístas.

livre-arbítrio

Se Deus nos
privilegiou com o
livre-arbítrio, igualmente
nos instruiu com o sentido
de responsabilidade, do
qual, para o nosso bem,
não devemos abrir mão.

A pregação de Jesus não aprisiona. Muito pelo contrário: livra-nos dos ódios e misérias, terríveis flagelos criados pela insanidade humana.

A Paz não se improvisa. É resultado de muito esforço, dedicação, inteligência; de integração entre a Humanidade da Terra e o Mundo Espiritual Elevado. Os mortos continuam vivos. Não morrem. E estão sempre dispostos a nos auxiliar. Cabe aqui este pensamento de Alcione Vilamil, que viveu no século 17: *"Na obra de Deus, a Paz sem trabalho é ociosidade com usurpação"*.

Orar é imprescindível à segurança e à felicidade dos seres humanos. Por quê?! Vejamos o exemplo espiritual a seguir:

Na sangrenta história das nações, temos assistido à aliança*[1] dos homens com os piores obsessores que perambulam pelas dimensões (ainda) insondáveis à maioria dos habitantes deste planeta. São especialistas no ato de influenciar os povos e os seus dirigentes. Basta ver que, pelos milênios, poucos governantes têm enxergado outras saídas que não as do sangue vertido da moral, do corpo ou do Espírito de sua gente e daqueles que consideram inimigos — ou dos que elegem para o ser —, sob pretextos mil, de forma a alcançar miríades de interesses por meio da hegemonia pela força. Seus gabinetes e de tantos quantos têm poder sobre as massas, em diversas ocasiões, vivem ocupados por essas almas obscuras, por escolha muitas vezes inconsciente dos próprios homens e mulheres que dirigem a Terra, pois teimam em pensar que a morte é o portal para o desconhecido ou o término de tudo. Que grande e triste equívoco! Se não creem na ação permanente dos mortos, no mais das vezes afastam de suas existências diárias as Entidades luminosas (verdadeiros Anjos Guardiães) que querem ajudá-los. Espíritos elevados cuidam da saúde dos seres humanos e das nações. A descrença nessa realidade ocorre em prejuízo dos que vivem sob o seu comando político, social, religioso etc. Tal fato sucede porque os seres terrenos frequentemente atraem a ação de espíritos inferiores sobre si por causa de seus pensamentos subalternos, que vivem a alimentar em suas mentes. E esses invisíveis arrastam enfermidade para os que se submetem à sua influência. Como adverte o Salmista (42:7), *Abyssus abyssum invocat* (O abismo atrai o abismo). Leão XIII*[2] (1810-1903), que reinou sobre a Igreja Católica de 1878 a 1903, deixou-nos sua famosa prece *A São Miguel Arcanjo*, na qual lhe pede que proteja os seres terrenos *"dos espíritos malignos, que vagueiam pelo mundo para a perdição das almas"*. Ora, essa perseguição promovida pelos habitantes dos umbrais*[3], como vemos, não se restringe às humildes criaturas dos povos. Derrama-se igualmente sobre seus comandantes com forte intensidade. Pela falta de oração pura e fervorosa ao Pai Celestial, sempre entendido como Amor, muitos dos que dirigem o mundo são tão influenciáveis quanto qualquer um dos mais simples cidadãos que consideram ter sob seu completo domínio. Ninguém tem supremacia permanente sobre qualquer sociedade, apenas instantes de poder. (A própria Natureza é fator impeditivo de tal ambição, porque estabelece o fim do corpo físico.) Por outro lado, todos prestarão severas contas a um Tribunal incorruptível existente do Lado de Lá. E esse Júri Celeste tem início na consciência de cada um, já aqui mesmo no planeta.

Na verdade, mais dia, menos dia, aqueles que acreditam ser, *ad aeternum**[4], controladores dos destinos terrenos acabam, em geral, por se transformar em marionetes de potestades insidiosas de cuja ação nem desconfiam, ou nem mesmo aceitam a existência, mas que, a despeito de sua incredulidade, subsistem! E quantas vezes os esperam do Outro Lado do túmulo, por considerarem-nos parceiros nas suas trampolinagens... Falo dos "poderosos" que não têm como bandeira a preocupação solidária com a destinação dos que deveriam servir. A política do bem público, assim como a administração do patrimônio nacional, das grandes e pequenas empresas e das organizações diversas, é um exigente sacerdócio. Infelizmente para a Humanidade, as forças do astral inferior regem muitos cérebros no plano material. Se assim não fosse, a História não seria a sangreira que tem constituído uma das suas características mais sinistras. Tudo começará a mudar, porém, quando as massas e seus governantes aprenderem a manter, por meio da prece e de ações solidárias, sintonia permanente com as Entidades Espirituais Superiores, que pairam acima dos limites terrestres. Os políticos e os que detêm o poder, incluído o religioso, mais do que ninguém deveriam orar e vigiar, como Jesus advertiu (Evangelho, segundo Marcos,

13:33). Eles têm nas mãos o destino do planeta globalizado. Como costumo dizer, **o Mundo Espiritual não é uma região abstrata**. Por isso, ensinou o saudoso Alziro Zarur: *"O segredo do governo dos povos é unir a Humanidade de baixo à Humanidade de Cima, sob as Divinas Claridades do Novo Mandamento do Cristo"**[5].

No meu livro *Sociologia do Universo*, a respeito de assunto semelhante escrevi: O Espírito é, no Cosmos, agente e, por força da Lei de Causa e Efeito*[6], também paciente, porquanto autor e padecedor de seus próprios atos, sendo ou não cônscio dessa interdependência. A compreensão do significado da Lei Divina de Causa e Resultado ir-se-á desenvolvendo à medida que o ser humano descobrir a sua verdadeira origem, a Espiritual, até que não mais reste dúvida de que o governo da Terra começa no Mundo Invisível. Ninguém, neste planeta, exerce o poder impunemente. Por isso, não apenas os povos, mas também os seus líderes devem, sem ódio no coração, orar constantemente, a começar pelos políticos... Entretanto, é preciso destacar que, quando digo que os soberanos do mundo devem orar, não me refiro às preces que alguns podem ainda fazer para, em seguida, sair esmagando por aí, a pretexto de salvar a civilização. Se não entrarmos em sintonia com os Poderes Espirituais Elevados, ficaremos à mercê dos atrasados (rimou e é verdade).

*[1] **Aliança** — Para entender melhor o relacionamento do Mundo Espiritual com o terreno, leia "Quanto à Abrangência do TBV", nas *Diretrizes Espirituais da Religião de Deus, do Cristo e do Espírito Santo,* volume II, e, mais completamente, no terceiro volume de *O Brasil e o Apocalipse*, ambos de autoria de Paiva Netto.

*[2] **Leão XIII** (1810-1903) — Gioacchino Pecci, sucessor de Pio IX, foi papa entre 1878 e 1903. Bateu-se pela restauração do poder temporal dos papas. Deixou várias encíclicas (cartas circulares pontificiais) de grande importância histórica, influenciando os acontecimentos da época e o próprio desenvolvimento do pensamento cristão. A principal foi a *Rerum Novarum* (1891), firmando a posição católica sobre os conflitos entre capital e trabalho.

*[3] **Umbral** — Segundo nos relata o Espírito André Luiz, em *Ação e Reação*, *"(...) situada entre a Terra e o Céu, (o Umbral é) dolorosa região de sombras, erguida e cultivada pela mente humana, em geral rebelde e ociosa, desvairada e enfermiça".*

*[4] ***Ad aeternum*** — Para a eternidade.

*[5] **Ensinamento de Alziro Zarur** — Pode ser encontrado na 17ª Chave Bíblica da Volta Triunfal de Jesus, no *Livro de Deus* (edição esgotada), também de Paiva Netto.

*[6] **Lei de Causa e Efeito** — Lei Divina de Causa e Consequência, Lei de Causa e Resultado.

"Café à Noite", obra de Vincent van Gogh (1853-1890). Acervo de Rijksmuseum Krôller-Müller, Otterlo (Holanda).

Quem souber entrar no
Silêncio fará surgir, de
dentro de si, todas as
riquezas que o mundo não
lhe pode oferecer, a começar
pela Paz de Espírito, que
Deus nos prometeu e
que ninguém, além Dele,
nos pode proporcionar
integralmente, porque nem
a conhece ainda.

* * * * *

Quando Você
precisa de
reconhecimento
constante para
tudo que faz,
alguma coisa
anda errada...
com Você.

* * * * *

"*Boa romaria faz quem em sua casa está em paz.*" Ditado antigo, que me foi ensinado por minha saudosa Mãe, uma baiana decidida, Idalina Cecília de Paiva (1913-1994).

Caridade é Paz para com todos e Paz para consigo mesmo.

Não haverá Paz duradoura enquanto prevalecerem privilégios injustificáveis, que desonram a condição humana, pela ausência de Solidariedade, que deve iluminar homens e povos. Escreveu Pierre-Joseph Proudhon* (1809-1865): *"A paz obtida com a ponta de uma espada não passa de uma simples trégua"*. Por isso, nestes milênios de "civilização", milhões morreram sob a chacina das armas, da fome e da doença. (...)

Jesus sempre pregou e viveu a Fraternidade. Como realmente acreditamos no Divino Chefe, temos de batalhar pelo que apresentou como solução para os tormentos que ainda afligem as nações. A temperança é virtude indispensável nesta peleja. Entretanto, diante dos desafios, **não confundamos pacifismo com debilidade de caráter**. Bem a propósito, estas palavras da autora Eleanor L. Doan: *"Qualquer pusilânime pode louvar a Cristo, todavia é preciso ânimo forte para segui-Lo"*. Não podemos também nos esquecer dos exemplos dos cristãos primitivos, mas, sim, neles buscar a vivência que precisa ser repetida neste mundo, qual seja, a da Paz: *"Da multidão dos que creram, era um o coração e a alma. (...) E assim, perseguidos por todos* *os meios, passaram a viver em comunidade, não havendo necessitados entre eles, porque todos se socorriam, cada qual com o que possuía"* (Atos dos Apóstolos de Jesus, 4:32 a 34).

---

* **Pierre-Joseph Proudhon** (1809-1865) — Em seus contatos com os socialistas, desenvolveu teorias próprias sobre um sistema sem governo, baseado numa organização econômica cooperativista e na libertação do crédito da agiotagem que o controlava. Em 1840, publicou *Qu'est-ceque la propriété?*, no qual se declarou pela primeira vez anarquista. O livro foi elogiado por Marx, que se transformaria, mais tarde, no grande crítico das ideias de Proudhon. Foi deputado independente da Assembleia Nacional e fundou um Banco do Povo, para demonstrar, na prática, as suas teorias de crédito livre. Após o exílio na Bélgica, regressou a Paris e tornou-se um líder respeitado entre os operários, e um grupo de discípulos seus, os Mutualistas. Participou ativamente na criação da Primeira Internacional Socialista. Sua obra póstuma, *De la Capacité Politique des Classes Ouvrières*, forneceu a base teórica para o anarcossindicalismo.

Para alento aos fiéis batalhadores da Causa do Bem na Terra, acima de crenças e descrenças, em qualquer setor em que estejam — social, religioso, político, científico, artístico, esportivo, doméstico ou público —, juntamos este recado confortante do ilustre dr. Bezerra de Menezes (Espírito), transmitido em 18 de janeiro de 2003, que publiquei no artigo "O Livro e a Divina Mensagem da Cruz": *"(...) Haverá fartura nas Casas de Deus, mesmo em tempos de fome no planeta"*. Isso vem ao encontro do que está revelado por Jesus, no Seu Apocalipse, 6:5 e 6:

O Terceiro Selo*

"5 Quando o Cordeiro de Deus abriu o terceiro selo, ouvi o terceiro ser vivente, dizendo: Vem e vê! Então apareceu um cavalo preto e o seu cavaleiro com uma balança na mão.

"6 E ouvi uma voz no meio dos quatro seres viventes que dizia: Uma medida de trigo por um denário; três medidas de cevada por um denário; ***e não danifiques o azeite e o vinho****".*

* **O Terceiro Selo** (Apocalipse, 6:6) — "*... e não danifiques o azeite e o vinho*". Para outros esclarecimentos, leia as coleções *O Brasil e o Apocalipse* e *O Apocalipse de Jesus para os Simples de Coração*, de autoria de Paiva Netto.

Deus, sempre compreendido como Amor, é fonte inexaurível de Inspiração e Paz para todos os grupos ainda conflitantes neste mundo. Sem respeito, não poderá haver concórdia. O autor deste provérbio turco tinha consciência plena do que dizia: *"Se não tiveres cuidado com a formiga que está debaixo dos teus pés, ninguém terá cuidado de ti, quando estiveres na trilha do elefante"*.

Deus...

Inspiração...

O Ecumenismo nos eleva à procura de soluções globais, dentro do espírito universal de Fraternidade, pregada por grandes pensadores e inspirados líderes de religiões. Ela é o "fio de Ariadne"* que, seguramente nos conduzindo pelos caminhos escuros e tortuosos das cavernas do Minotauro, pode levar-nos à esplendorosa claridade do Sol, livrando-nos das trevas dos ódios sectários.

* "**Fio de Ariadne**" — Leia explicação no livro *Somos todos Profetas*, de Paiva Netto, Editora Elevação, 44ª ed., pp. 39 e 40.

O risco de uma Terceira Guerra Mundial não é ilusório. Por enquanto, a Paz quase que não tem passado de figura de retórica. Durante a maior parte da História humana, o período em que prevaleceu é ínfimo. Se é que já existiu verdadeira Paz neste mundo... Somente na Alma de alguns bem-aventurados é que ela tem conseguido habitar. (...) Por isso, certamente advertiu o papa João Paulo II (1920-2005)*[1], numa memorável alocução, na década de 1980, que *"o perigo é real"**[2].

---

*[1] **João Paulo II** (1920-2005) — O primeiro papa não italiano desde 1523. Karol Wojtyla nasceu no dia 18 de maio de 1920 em Wadowice, Polônia. Foi ordenado sacerdote em 1946 e se doutorou em Teologia na Universidade Pontifícia de Roma, em 1948. Foi eleito papa em 16 de outubro de 1978, sucedendo a João Paulo I, que governou a Igreja Católica Apostólica Romana no curto período de 33 dias. Wojtyla adotou, então, o nome João Paulo II. Em 13 de maio de 1981, foi gravemente atingido por um tiro durante uma tentativa de assassinato, quando percorria de carro a Praça de São Pedro, no Vaticano. João Paulo II publicou livros de poesia e, sob o pseudônimo Andrzej Jawien, escreveu uma peça de teatro, "A Loja do Ourives" (1960). Os seus escritos éticos e teológicos incluem *Amor Frutuoso e Responsável* e *Sinal de Contradição*, ambos publicados em 1979. Conhecido como "O Papa Peregrino", por suas muitas viagens missionárias, contribuiu sensivelmente para a busca da Paz em todo o mundo. João Paulo II faleceu em 2 de abril de 2005, depois de 27 anos de pontificado. Foi sucedido pelo cardeal alemão Joseph Ratzinger, que escolheu o nome Bento XVI.

*[2] **"O perigo é real"** — Veja referência no livro *Somos todos Profetas*, de Paiva Netto, Editora Elevação, 44ª ed., p. 114.

A concórdia entre religiosos é a primeira a ser conquistada. Da paz de consciência dos seres terrenos, gerada por uma nova postura universalista, ecumênica, portanto altamente fraterna, é que nascerá a paz social, a paz entre as instituições e a desejada Paz Mundial, sob a proteção do Pai Celeste, o maior Diplomata de todos os tempos da História deste planeta. Para os que riem dessa realidade, uma pequena recordação do cético Voltaire: *"Se Deus não existisse, precisaria ser inventado"*.

Muitas nações não estão diretamente envolvidas nos conflitos armados que flagelam este orbe, mas todas sofrem a opressão do medo ou da miséria, pela violência dos armamentos novos ou pelo desvio maciço de verba para a indústria da morte, em prejuízo da instrução, educação, espiritualização, alimentação e saúde dos povos. Portanto, a guerra nos atinge a todos nestes tempos de comunicação rápida e de temporais de informações, que ameaçam, com seus raios e trovões, dar curto-circuito nos cérebros humanos. Daí a inclusão que faço, neste bate-papo despretensioso com Vocês, deste pensamento de John Fitzgerald Kennedy* (1917-1963): *"Só as armas não bastam para guardar a paz. Ela deve ser protegida pelos homens (...). A mera ausência de guerra não é paz"*.

---

* **John Fitzgerald Kennedy** (1917-1963) — Nasceu em Brookline, Massachusetts, em 29 de maio de 1917. Primeiro presidente católico dos Estados Unidos. Graduando-se em Harvard em 1940, alistou-se na Marinha. Em 1943, quando seu barco foi cercado e afundado por um destróier japonês, Kennedy, apesar dos ferimentos graves, conduziu, em segurança, os sobreviventes pelas águas turbulentas. De volta da guerra, tornou-se congressista do Partido Democrático, chegando ao Senado em 1953. Em 1955, escreveu *Profiles in Courage*, com que foi agraciado com o prêmio Pulitzer de História. Foi assassinado, na presença de sua esposa, Jacqueline (1929-1994), em Dallas, Texas, em 22 de novembro de 1963 — ainda não se sabe bem por quem —, enquanto desfilava, em carro aberto, ante a multidão que o aplaudia.

O mundo só conhecerá a Paz quando viver o Amor Espiritual e souber reconhecer a Verdade Divina. No entanto, a Divina Verdade de um Deus que é Amor. Não a de um ser brutal e vingativo, inventado pelo desatino humano. Certamente é desse que o filósofo germânico Friedrich Nietzsche* (1844-1900), sabendo ou não, anunciou a morte. E já foi tarde! Mas é preciso tirar o seu cadáver da rua...

* **Friedrich Nietzsche** (1844-1900) — Filósofo e escritor alemão, descendente de pastores protestantes, nasceu em Röcker, localidade próxima de Leipzig, Prússia. Estudou Filologia, na Universidade de Leipzig, e Teologia, na Universidade de Bonn. Teve contato com o filósofo Schopenhauer (1788-1860) e amizade com o compositor Richard Wagner (1813-1883). Em 1879, seu estado de saúde se complicou, por causa de depressões nervosas e do enfraquecimento da visão. Suas faculdades mentais se deterioraram ainda mais em 1889. Morreu em Weimar, em 25 de agosto de 1900.

A ignorância é a mais trágica enfermidade que pode atacar uma criatura terrena ou espiritual. Goethe* (1749-1832), o grande filósofo alemão, dizia que *"a pior desgraça humana é uma ignorância em atividade"*. Zarur, ilustre pensador brasileiro, foi adiante, ao afirmar que *"a pior desgraça humana é a ignorância da Lei Divina"*.

---

* **Goethe** (1749-1832) — Johann Wolfgang von Goethe é um dos nomes mais importantes da literatura alemã. Nasceu em Frankfurt e recebeu formação enciclopédica. Em 1765, iniciou o curso de Direito da Universidade de Leipzig, onde escreveu suas primeiras poesias. É nomeado ministro do Ducado de Weimar, onde se fixou. Nos anos seguintes, escreveu poesias e estudou Ciências Naturais. Em 1784, descobriu o *intermaxillare*, osso do corpo humano então desconhecido pelos anatomistas, e elaborou teses que anteciparam a Teoria Darwinista. Escreveu cenas de *Fausto* (obra do Romantismo), que começou em 1774 e só concluiu em 1830.

Ser discípulo de Jesus é ser amante da Paz, nem sempre fácil de ser alcançada na balbúrdia moral em que vivemos. Mas é o próprio Mestre quem nos admoesta a perseverar até o fim*, para que alcancemos a verdadeira libertação, de modo que um dia possamos ouvir Dele mesmo: *"Paz seja convosco!"* (Evangelho, segundo João, 20:19).

* Evangelho de Jesus, segundo Mateus, 24:13.

"O Canal Saint-Martin", obra de Paul Signac (1863-1935). Coleção Madame Signac, Paris (França).

Creio no Amor Universal, que impulsiona a civilização à sobrevivência. A Humanidade tem sido obstinada na decisão (muitas vezes inconsciente) de subsistir, a despeito das incontáveis armadilhas que lhe são montadas existência afora. Trata-se da paixão natural dos povos pela vida. Eis a minha convicção mais arraigada, cujo desejo mais profundo é viver pacificamente com todas as criaturas. O meu ideal ecumênico preconiza a irmanação de todos os seres humanos e espirituais, já que os mortos continuam vivos e por sermos criação de um Deus único, eternamente operante.

O Novo Mandamento do Cristo é a Lei de Solidariedade planetária, ainda pouco conhecida e muito menos vivida. Mas um dia virá a ser, por força do Amor ou por intervenção da Dor: *"Amai-vos como Eu vos amei. Somente assim podereis ser reconhecidos como meus discípulos, se tiverdes o mesmo Amor uns pelos outros. (...) Não há maior Amor do que doar a própria Vida pelos seus amigos"* (Evangelho de Jesus, segundo João, 13:34 e 35; 15:12 e 13).

Parlamento Mundial da Fraternidade Ecumênica da Legião da Boa Vontade. O relógio batia zero hora de 25 de dezembro de 1994, Natal de Jesus! Uma impressionante multidão ali estava, emocionada, a nos ouvir. Muitos foram os oradores naquela data memorável, quando inaugurei o ParlaMundi da LBV. Era tanta gente que tive de subir ao teto do prédio. E, de lá, exclamei: A Humanidade, desta vez, integra-se ou desintegra-se! E me veio à memória uma pregação do Evangelho de Jesus feita por Alziro Zarur, em 1957, na Rádio Mundial, do Rio de Janeiro, quando, analisando a chacina em que se tem constituído a História, no transcurso dos séculos, concluiu: *"A guerra é o monumento da insensatez humana"*.

Tantos anos se passaram, mas guardei na Alma essa realidade inconteste. Há quem glorifique as sangrentas batalhas sucessivas, criadoras de ruínas, viúvas e órfãos. Mas, enquanto nós, os seres humanos, à beira do terceiro milênio*, não descobrirmos outro roteiro para a nossa evolução como sociedade, pouco estaremos distanciados dos animais (ditos) irracionais. Não me iludo. É evidente que esse antigo estado de coisas não se modificará de uma hora para outra. Contudo, é preciso engrossar as fileiras dos que não querem ver o planeta secar, como um fruto podre, ou explodir, como uma bomba cósmica monumental. Será crime pensar assim?

---

* **"À beira do terceiro milênio"** — Palavras proferidas por Paiva Netto no fim do segundo milênio.

Jesus ensina, como Estadista que é, ao Brasil e ao mundo o caminho do progresso na Paz. No entanto, quando eloquentemente nos aconselha a perseverança até o fim, é porque sempre soube, como atesta no Seu Evangelho, segundo Mateus, 26:41, que, *"se o Espírito está pronto, a carne é fraca"*. Por outro lado, ensinou-nos como suplantar a matéria, dando-nos o Seu próprio exemplo, ao enfrentar e vencer satanás*[1] (Evangelho, segundo Mateus, 4:1 a 11), isto é, as convocações humanas ao erro. E entenda-se como tentação da carne não apenas o apelo exagerado do sexo, mas tudo aquilo que depõe contra o Ser*[2]: a corrupção, a omissão diante da atividade do mal, a falta de Caridade para com os que sofrem...

*[1] **Nota do autor** — Satanás é, na definição de Alziro Zarur, *"a soma de todas as maldades humanas. Por isso, no dia em que o homem deixar de ser mau, satanás deixará de existir"*. Outras explicações no artigo "Zarur: satanás é o próprio homem", em *Diretrizes Espirituais da Religião de Deus, do Cristo e do Espírito Santo,* volume II, 2ª ed., pp. de 161 a 165.

*[2] **Comentário do autor** — O Ser, aqui, é entendido não apenas como criatura em particular, mas também como cidadão, porquanto engloba toda a sociedade.

Religião é sentimento elevado de Fraternidade, resultando na Solidariedade ativa, que promove a Paz permanente. Por conseguinte, Alziro Zarur propôs e criou a Cruzada de Religiões Irmanadas, com a qual lançou suas propostas de Ecumenismo Irrestrito e Total. Ainda na década de 1940, escreveu esse saudoso lutador por um Brasil melhor e por uma Humanidade mais feliz: *"As religiões nunca foram (intrinsecamente) inimigas entre si: elas representam os diversos graus de evolução do ser humano, a caminho de Deus (...)"*. Mais adiante, citando Allan Kardec* (1804-1869), transcreveu estas palavras do grande pensador e educador francês: *"A fim de chegarem à unidade, as religiões terão de se encontrar num campo neutro, se bem que comum a todas; para isso, todas terão de fazer concessões mais ou menos importantes"*.

---

* **Allan Kardec** (1804-1869) — Seu verdadeiro nome era Hippolyte Léon-Denizard Rivail. Nasceu em Lyon, França. Educado na Escola do grande Johann Heinrich Pestalozzi (1746-1827), em Yverdun, Suíça, tornou-se um de seus discípulos mais eminentes. Por volta de 1855, Kardec entregou-se à observação criteriosa dos fenômenos espirituais, que sacudiam o mundo ocidental, tornando-se, mais tarde, conhecido como "O Codificador do Espiritismo". Suas mais famosas obras são: *O Livro dos Espíritos, O Livro dos Médiuns, O Evangelho segundo o Espiritismo, O Céu e o Inferno* e *A Gênese*, conhecidas como Pentateuco Kardequiano. Grande destaque possui também *Obras Póstumas*.

Fraternidade e Solidariedade são forças poderosíssimas, superiores a todos os ódios humanos conluiados. Bem-aventurado o dia em que os seres humanos e espirituais compreenderem essa realidade palmar, que nos preenche a vida de Fé e de Esperança, que não morre nunca. Samuel Johnson* (1709-1784), escritor e dicionarista inglês, há mais de dois séculos já alcançara essa verdade, pois deixou consignado que *"a Esperança é em si mesma um gênero de felicidade, possivelmente a maior que este mundo pode oferecer"*.

* **Samuel Johnson** (1709-1784) — Foi crítico literário, poeta, tradutor e escritor inglês. Mas destacou-se como lexicógrafo (dicionarista), sendo sua principal obra o *Dictionary of the English Language*. O trabalho de maior sucesso publicado foi uma biografia do escritor escocês James Boswell.

Ensina o Talmude*[1]: *"Aprenda primeiro a saber, para que depois possa fazê-lo por sua conta"*. É o caso do mundo... Para que haja Paz verdadeira entre as nações, é preciso primeiramente que ela habite o coração das criaturas que as formam. E isso é sabedoria em seu mais alto sentido.

É o óbvio, mas deve ser dito, como certamente aconselharia o velho e saudoso dramaturgo brasileiro Nelson Rodrigues*[2] (1912-1980).

---

*[1] **Talmude** — Do hebraico *talmud*, significa estudo, ensino. É a doutrina e jurisprudência da lei mosaica, com explicações dos textos jurídicos do Pentateuco, e a *Mishná*, isto é, a jurisprudência elaborada pelos comentadores entre os séculos 3º e 6º.

*[2] **Nelson Rodrigues** (1912-1980) — O dramaturgo e jornalista brasileiro foi um importante reestruturador do teatro nacional, tendo como fonte de inspiração a paisagem da cidade do Rio de Janeiro. Ele também foi autor de uma série de romances, comentarista esportivo e cronista em jornais.

É necessário, para transformar as criaturas, fazê-las viver em paz consigo mesmas. Se não houver essa tranquilidade em nós, as nações nunca irão entender-se, posto que um país é constituído de seus cidadãos multiplicados, como dizia o grande jurista brasileiro Rui Barbosa: *"A pátria não é ninguém, são todos; e cada qual tem no seio dela o mesmo direito à ideia, à palavra, à associação. A pátria não é um sistema, nem uma seita, nem um monopólio, nem uma forma de governo; é o céu, o solo, o povo, a tradição, a consciência, o lar, o berço dos filhos e o túmulo dos antepassados, a comunhão da lei, da língua e da liberdade"*.

"A volta do trabalho", obra de Pieter Paul Rubens (1577-1640). Acervo da National Gallery de Londres (Inglaterra).

Em um planeta...

Em um planeta onde a Paz é sustentada à ponta de baionetas, em que a todo momento poderemos vê-lo desfigurado em dramático confronto nuclear ou em combate químico horripilante, precisamos, urgentemente, vivenciar a **Paz de Deus**, singularizada na Fraternidade Ecumênica. Impossível?! Nada é impossível neste mundo. Basta ver a enormidade das barbáries praticadas. Ora, se o que é perverso ocorre à solta, por que o contrário, o que é benéfico, não é capaz de tomar-se de tanto ímpeto a ponto de mudar o rumo da História? Quanto tempo demorará essa transformação? Quem sabe?... Contudo, devemos ter consciência de que não convém adiá-la demais, pois as loucuras que por aí andam são ainda muitas...

"Paisagem", obra de Paolo Veronese (1528-1588). Villa Barbaro, Maser (Itália).

Urge que o mundo caminhe na direção do entendimento, com a cooperação dos homens que eventualmente o dirijam ou sem a intromissão deles. A Humanidade tem de sublimar-se numa grande família. Ou, então, o que é que restará depois de tanta insanidade?

Convido os estimados leitores a refletir sobre uma palavra do ilustre pastor Jonas Rezende*, que nos recorda onde se devem dar os primeiros passos para o fraterno relacionamento entre todos. Durante uma entrevista à Boa Vontade TV, canal 20 da SKY (Brasil), disse o respeitado religioso brasileiro e fecundo escritor: *"A sociedade é um contingente grande de pessoas que estabelece regras, pontos de vista, leis para que esse contrato social, na linguagem do filósofo Rousseau, possa funcionar bem. Não é bom que o ser humano viva só, também visto na Palavra de Deus. A família é uma microssociedade. Ela desempenha as funções de desenvolver em nós aquilo que a psicologia chama de* self, *isto é, a pessoa ver a si mesma com os* *olhos do outro. Conhecer as expectativas do próximo e ter uma vida de equilíbrio. A família ensina o caminho do Amor, quando é bem estruturada".*

De fato, caro amigo Jonas. E o Amor, quando realmente Amor, é o elo inquebrantável que une os corações, o alicerce da verdadeira Paz.

---

* **Pastor Jonas Rezende** — Nascido em 27 de abril de 1935, na capital paulista, formou-se em Teologia em Campinas, São Paulo, Brasil, e foi ordenado pastor na cidade de Ribeirão Preto, interior paulista. Reside no Rio de Janeiro/RJ desde 1969. A formação acadêmica dele também inclui Direito e Filosofia. Leciona há vários anos na Faculdade Brasileira de Ciência Política (Suesc), onde é diretor do curso de Direito. Atua há quase meio século como sacerdote, sendo hoje pastor emérito da Igreja Cristã de Ipanema, no Rio. Tendo já escrito 16 obras, entre ensaios, romances e poesias, num exemplar de seu mais recente lançamento, *Barcarola — a morte sem charme e sem disfarces*, assim o dedicou ao autor de *Reflexões da Alma*: *"Para o mestre Paiva Netto, com minha reverência e toda a admiração. Discípulo, Jonas Rezende. 21/3/06".*

Aos céticos perquiridores que, por tanto indagarem, prestam um grande serviço à Humanidade, falta subir mais um degrau, que lhes abrirá o entendimento de que os destinos da Terra, que tamanho desgosto lhes causam, assim perduram, porquanto, até agora, o ceticismo não lhes permitiu compreender que tudo tem início na Dimensão Espiritual. Há Leis Divinas que precisam ser conhecidas, estudadas e vividas sob o impulso do Amor Fraterno, que as rege. Deus concedeu livre-arbítrio aos seres humanos e espera que amadureçam a ponto de compreender as Realidades Celestes, que constituem a **verdadeira revolução** que deve ser completada no mundo. Não há morte na Morte, porém vida e mais vida na Vida. De uma criatura simples e sábia — um índio, Flexa Dourada* — vem uma admoestação que, por vezes, pode esboçar um sorriso de ironia de quem busca refúgio nas considerações cômodas do raciocínio restrito à dimensão material: *"Os problemas encontram-se na Terra; as soluções, no Alto"*. Isto é, no Plano Espiritual, que, repito, não é uma abstração.

---

* **Flexa Dourada** — Irmão indígena que fraternalmente se apresenta em Espírito nas Reuniões Mediúnicas do Centro Espiritual Universalista da Religião de Deus, do Cristo e do Espírito Santo, a Religião do Amor Universal, e que sempre traz informações preciosas sobre a conduta humana mais harmônica com as Leis Divinas.

* * * * *

O ceticismo excessivo é o correspondente intelectual ao fanatismo religioso.

* * * * *

O maior bem que o Criador Supremo pode proporcionar à criatura é a Paz interior, que coisa alguma neste mundo consegue substituir. Quem tem Paz se fortalece, porque carrega o Divino Poder no coração.

O Profeta Muhammad — *"Que a Paz e as bênçãos de Deus estejam sobre ele!"* — ensinava que *"o mais forte é aquele que sabe dominar-se na hora da cólera"*. Só há uma força capaz de sobrepujar o ódio nos corações: a Fraternidade operante, tantas vezes exaltada pelo grande filósofo e escritor francês Victor Hugo. De forma alguma o poder das bombas nucleares ou de outras armas de extermínio, nunca anteriormente imaginadas, trará Paz definitiva à Terra. É urgente desarmar os artefatos bélicos. No entanto, é fundamental fazê-lo aos corações sem tardança.

Para aqueles que ainda não respeitam, de coração, os seus semelhantes, por estes pertencerem à crença diferente — como se Deus não fosse o mesmo para todos, ou como se a Fraternidade verdadeira, a que se sustenta perante as ameaças mais brutais, fosse menos poderosa que o troar de canhões —, este pensamento do Marquês de Maricá (1773-1848), encontrado na *Antologia da Boa Vontade*[*1] (1955): *"Nas escolas religiosas, existem crentes célebres pela grandeza de seus conhecimentos e teorias, mas, como acontece à famosa Vênus de Milo*[*2]*, requestada pela pureza de suas linhas, não têm braços para ajudar a ninguém".*

[*1] **Antologia da Boa Vontade** — Antiga publicação da LBV, em que se encontra esse pensamento do Marquês de Maricá, extraído do livro *Falando à Terra,* de Francisco Cândido Xavier.

[*2] **Vênus de Milo** — Estátua grega do século 1º a.C. A famosa obra, e a mais conhecida e apreciada peça de escultura mundial, hoje se encontra no Museu do Louvre, em Paris (França).

A conquista de um mundo mais humano se tornará real quando todos se unirem numa corrente ecumênica de Fé Realizante*[1] e de Paz! *"Ah! Isso demorará tanto!"*, alguém exclama. Mas respondo-lhe com satisfação: Ora, meu amigo, minha amiga, já foi bem pior... Houve ocasião em que o camponês e sua família eram vendidos com a terra; em que às mulheres e às crianças nem o direito de ter Alma era concedido. Assim sendo, a ordem é avançar. Por isso, estou de acordo com Louis de Bonald*[2] (1754-1840), quando afirma: *"A paciência suaviza as mais rudes asperezas. Nada a vença em ti, nem as palavras irritantes, nem as vivacidades provocativas. Sê como a uva, cujo suco é mais doce quando a videira cresce em solo muito pedregoso"*.

---

*[1] **Fé Realizante** — A que se contrapõe à fé ociosa.

*[2] **Louis-Gabriel-Ambroise, Visconde de Bonald** (1754-1840) — Combateu os princípios da Revolução Francesa. As suas ideias influenciaram a restauração de Luís XVIII. Entra em conflito com o processo revolucionário a partir de 1791. Mostra-se hostil à existência de uma constituição escrita e parte para o exílio. Adere ao Império em 1810, sendo nomeado para o Conselho Universitário. Escolhido deputado com a Restauração, em 1823, é designado por Luís XVIII para o Conselho da Instrução Pública. Inventa a expressão *relações sociais*, depois desenvolvida por Augusto Comte. Defende uma *societé bonne,* firmada na família e nos grupos sociais "naturais", como as corporações.

O Amor (sinônimo de Caridade) é a mais eficiente estratégia que resta por descobrir e aplicar nas relações internacionais. Porém, nesses casos, ao Amor deve-se aliar uma boa dose de sagacidade, semelhante à aplicada pelo Apóstolo Paulo perante Pórcio Festo*, ao *"apelar para César"* (Atos dos Apóstolos de Jesus, 25:1 a 12). Não é por se crer no Evangelho que se deva ser parvo. Jesus nos aconselhou a ser *"simples como as pombas"*, contudo completou o Seu ensinamento ao declarar: *"e prudentes como as serpentes"*. A propósito disto, passo a citar esta lição de Alziro Zarur: *"Perdoar é transferir a Deus o julgamento. Mas o Pai Celeste não impede os bons de se defenderem dos maus"*.

---

* **Paulo perante Pórcio Festo** — Veja resumo desta história no livro *Paiva Netto — Crônicas e Entrevistas*, p. 313.

Como ensina Emmanuel*[1], *"quando as lições do Divino Mestre ressoam dentro de um templo familiar, as pequenas dificuldades que, vez por outra, prejudicam a paz doméstica, cedem lugar à felicidade comum"*.

Ora, tem toda a razão o notável Mentor Celeste, porque o Poder do Cristo se esmera por revelar-se, em especial, *"nos ambientes em que são congregados Espíritos com dívidas cármicas a serem, com o passar do tempo, quitadas"*, de preferência sob os auspícios do Amor Fraterno, definido por João de Brito*[2] (1647-1693) como *"sublime impulso de Deus, energia que move os mundos"*. A reencarnação não é, pois, medida punitiva estabelecida pelo Criador contra Suas criaturas. Pelo contrário, trata-se de nova oportunidade para que, um dia — segundo completa Emmanuel —, *"os que se odiavam, convencidos dos prejuízos da mágoa e do rancor, passem a procurar* *um caminho novo, o do entendimento, até que caiam as muralhas das desavenças, permitindo assim que o Sol da Paz passe a brilhar onde reinava a escuridão".*

---

*[1] **Emmanuel** — Guia espiritual do saudoso médium brasileiro Francisco Cândido Xavier (1910-2002). Acompanhou-o desde as primeiras manifestações mediúnicas. Emmanuel, por intermédio desse famoso sensitivo, é autor de obras importantes, a exemplo de *Há Dois Mil Anos* e *50 Anos Depois*, ambas transformadas em radionovela por determinação de Paiva Netto, alcançando grande audiência na Super Rede Boa Vontade de Rádio, e posteriormente lançadas em CDs, pela Editora Elevação, em parceria com a FEB, como também ocorreu com as obras *Nosso Lar* e *Sexo e Destino* (do Espírito André Luiz), obtendo igual sucesso.

*[2] **Padre João de Brito** (1647-1693) — Um dos ícones da história religiosa portuguesa. Pelo seu abnegado missionarismo pelo Oriente, é tido como o último seguidor português dos grandes apóstolos do século 16, o *"segundo (Francisco) Xavier (1506-1552), o missionário jesuíta conhecido como o Apóstolo das Índias"*. Nascido em Lisboa, João de Brito viajou para a Índia com o objetivo de pregar o Evangelho da salvação aos mais pobres e desprotegidos. Lá, sofreu perseguições e, por fim, o martírio. Esteve no Brasil. Célebre pela sua vida de santidade, constância e firmeza, o lisboeta foi canonizado, em 1947, pelo papa Pio XII.

"Paisagem de Woburn", obra de Thomas Gainsborough (1727-1788). Coleção Bedford, Woburn Abbey (Inglaterra).

O lar — com todos os seus problemas à espera de solução, que surgem à medida que se amadurece — sempre foi o sustentáculo da sociedade. Por isso, Emmanuel pondera aos apressados que *"o paraíso na Terra floresce nas famílias integradas no Amor Divino"*. De acordo com o digno Mentor Espiritual, isso ocorre porque a ação do Amor é um trabalho de paciência. Eis o motivo pelo qual devemos anotar em nossos corações este aforismo do poeta e filósofo judeu Salomão Ben Judá Ibn Gabirol, conhecido como Avicebron* (1021-1058): *"A paciência colhe a paz; a precipitação, o arrependimento"*.

---

* **Avicebron** (1021-1058) — Poeta e filósofo judeu, de origem espanhola. Aliou o neoplatonismo a elementos do Judaísmo. Em sua famosa obra *A Fonte da Vida,* defende o hilemorfismo universal (incluindo a alma intelectiva e as substâncias espirituais). Essa teoria seria aceita pela escola franciscana (Alexandre de Hales e S. Boaventura), mas rejeitada por S. Tomás de Aquino. Com Maimônides, foi um dos maiores filósofos da Idade Média.

"*Há casos em que temos de transformar a calúnia e a afronta numa lição para a nossa vida. Isso faz com que a maledicência seja proscrita na caverna do silêncio"*, apregoa também Emmanuel. De sua parte, André Luiz*[1] convida a criatura humana em desespero a esperar *"mais um pouco"**[2], pois o Amparo Divino não falha, mesmo que pareça tardar. Homens e mulheres, pessoas idosas e até jovens e crianças conseguiram superar os maiores dramas pessoais, porque, com Fé em Deus, foram capazes de aguardar "mais um pouco", de forma que não ingressaram em caminhos sem retorno.

Embora, mesmo que simbolicamente, tenhamos de contar até 10, 100, 1.000, 10.000 a fim de impedir qualquer atitude precipitada ou palavra cheia de rudezas, muitos dissabores serão banidos de nossa existência. Têm razão os franceses quando ponderam que *"falar bondosamente não machuca a língua". Touché!*

---

*[1] **André Luiz** — Segundo suas próprias palavras, optou pelo anonimato, ao mandar informações do Mundo Espiritual. Entre diversas obras psicografadas por intermédio de Chico Xavier, destaca-se o livro *Nosso Lar*, que descreve a rotina de uma cidade no Plano Invisível, próxima à Terra. Paiva Netto também transformou esse trabalho em um dos grandes sucessos da Super Rede Boa Vontade de Rádio, ao mandar adaptá-lo para radionovela. Também foi lançado em CD, num *kit* da Editora Elevação.

*[2] **"Mais um pouco"** — Esta mensagem de André Luiz está publicada no livro *Como Vencer o Sofrimento*, de autoria de Paiva Netto, lançamento da Editora Elevação.

Apesar de tantas diferenças humanas, *"mesmo no verdadeiro Éden que almas generosas conseguem edificar no seio das famílias"*, o incentivo é, como igualmente instrui Emmanuel, *"um cântico de solidariedade incessante; a bondade, uma fonte inesgotável de Paz e compreensão; a gentileza, a inspiração de todas as horas; o sorriso, a senha de cada um; e a mensagem permanece revestida de luz, vinculada ao Amor que o Amigo Celeste, Jesus, nos legou"*.

Alguém pode questionar: *"Como o senhor fala em coisas tão belas, contudo abstratas, em um mundo violentamente adverso a essa espécie de pensamento?!"*.

Meu amigo, minha amiga, esta é justamente a hora de as proclamar! Vou explicar-lhe minha posição com um trecho do discurso que proferi, em 1982, ao povo que me honrava com sua presença durante um Congresso da Boa Vontade, em Goiânia, Goiás: Falar de entendimento quando todos se compreendem; de Solidariedade quando ela é vivência comum entre os seres da Terra; de Paz, na paz; de gentileza, numa sociedade gentil; ou do significado do sorriso onde as pessoas proclamam e exercem a Fraternidade Ecumênica, que valor teria?

"La Grenouillère", obra de Pierre Auguste Renoir (1841-1919). Acervo do Museu Nacional de Estocolmo (Suécia).

Racismo é obscenidade (assim como preconceitos sociais, religiosos, científicos ou de qualquer outra espécie). Vai solapando não somente os esforços da etnia negra, mas também dos brancos pobres, dos índios, dos imigrantes... É preciso erradicá-lo, pois em seu bojo surgem os mais tenebrosos tipos de perseguição, que vêm dificultando o estabelecimento da Paz no planeta.

Os racistas, mais dia, menos dia, serão vítimas do seu próprio atraso moral. Isso — nesta ou na Outra Vida — é fato inafastável de seus caminhos repletos de equívocos.

Ser corajoso...

Ser corajoso, leal e
realmente justo deve
especificar o conceito de quem
pretenda, neste mundo, agir com
correção nas horas
de desafio. Existe um provérbio árabe
que diz assim: *"Pensar bem é sábio,
planejar bem é mais sábio e
executar bem é o mais sábio"*.
Como ensina a Bíblia Sagrada:
*"O Senhor olha atentamente para
os caminhos do homem e
considera os seus passos"*.
Sem dúvida nenhuma, porquanto
qualquer pessoa prestará contas
a um Tribunal incorruptível,
que existe do Outro Lado da Vida,
cujo portal de entrada é a própria
consciência.

A Paz tem de ser exemplificada a partir das lideranças religiosas, pois, de outra forma, os condutores dos demais segmentos humanos poderão sentir-se justificados em seus atos de incivilidade. Mas, aqui entre nós, é preciso que se tenha mau caráter para buscar nos outros justificativas para as suas próprias barbaridades.

"Rio Sena em Asnières", obra de Paul Signac (1863-1935). Coleção Madame Signac, Paris (França).

O Brasil é o berço de esperança de uma sociedade em que, a despeito de todos os dissabores, será possível viver em Paz consigo mesmo e com o próximo. Trata-se de terra generosa, em que a Solidariedade assumirá o papel de garantir o ensejo de uma vida próspera para todos, como descreveu o filósofo e sociólogo italiano Pietro Ubaldi: *"A grande qualidade do Brasil, o que estabelece sua função vital, é o sentimento, o coração. Nesta terra estão as raízes daquela expansividade de afetos, que é a qualidade humana que, mais tarde, evoluindo, será a mais apta a sublimar-se no amor evangélico"*.

Ainda teremos uma pátria em que cada um se sentirá incluído no significado maior da existência humana e cidadã: louvar o Criador enquanto serve à criatura, porque esta particulariza o sagrado altar no qual Ele deve ser adorado. Não há outra forma de engrandecer a Divindade, que é Amor, aliando Fé à Ação, construindo uma Política que tenha o bem-estar do povo, a ter início no elevado ensino para a sua Alma, como meta. É um trabalho que leva tempo? É um ideal ilusório?! Grande equívoco o de quem pensa assim. Há bastante tempo, Jean-Baptiste Descuret*

(1795-1871) demonstrou que *"muito se engana quem acredita poder afirmar que a paciência é a força dos fracos, pois é preciso ser muito forte e moderado para tê-la em qualquer ocasião"*. (...) Há leitores ateus que me honram com sua cortesia às minhas modestas considerações. A eles, com humildade, digo que, no tocante a Deus, pode ser entendido como Fraternidade e Solidariedade, a melhor maneira de viver como povo. (...) O Brasil realmente será o Coração do Mundo e a Pátria do Evangelho-Apocalipse, apesar de todos os que ainda querem espalhar frustração por onde a Esperança persevera. Ensinou Jesus: *"O que não é possível ao homem, para Deus é sempre possível"* (Evangelho, segundo Mateus, 19:26).

---

* **Jean-Baptiste Félix Descuret** (1795-1871) — Autor de *Médecine des passions, ou les passions consideres dans leurs rapports avec les maladies, les lois et la religion* [Medicina das paixões, ou as paixões consideradas por suas relações com as doenças, as leis e a religião], Paris, *Béchet Jeune et Labé,* 1841.

Jesus ensinou a humildade, jamais a covardia. Um servidor do Cristo não deve viver atemorizado. O medo paralisa a criatura, e Ele determinou aos Seus discípulos ação: *"Ide e pregai o Evangelho por toda a parte, anunciando que é chegado o Reino de Deus"* (Evangelho, segundo Marcos, 16:15).

Ninguém pode evocar o direito à vingança, mas à Justiça. Desde pequeno, aprendi com minha saudosa Mãe, Idalina, que os que pensam em se vingar, se querem insistir nessa demência, devem primeiro providenciar duas sepulturas, sendo uma delas para si. Nada mais verdadeiro, porque a vingança conturba, nesta ou na Outra Existência, a Alma de quem a pratica.

Quer mudar o seu destino? Procure cumprir o seu papel solidário na vida. É bem melhor que viver a sua existência a se lamentar da sorte. Uma boa dica para Você, numa lição do velho Zarur: *"Faze a tua parte que Deus fará a parte Dele"*. Experimente. Não custa nada tentar... O Pai Celestial não falha. Está sempre nos oferecendo auxílio. Nós é que, tantas vezes, não sabemos aproveitá-lo devidamente. Não se esqueça da história do "Sousa"*, que, de tanto esperar o Auxílio Divino durante uma inundação, acabou morrendo afogado. Deus lhe mandara várias opções de salvamento, mas ele deixou todas passar.

---

* **O "Sousa"** — Leia a íntegra da história no segundo volume de *O Brasil e o Apocalipse,* de Paiva Netto.

ordem interna...

Os impedimentos de ordem interna são mais prejudiciais ao progresso de um povo que os de ordem externa*. Por exemplo: mantê-lo afastado do conhecimento, posto que, quanto menos instruído for, mais facilmente será dominado. Isso é um crime de lesa-pátria!

Bem a propósito, este argumento de Abraão Lincoln, que incluí, em 1991, no *Manifesto da Boa Vontade*: *"De onde podemos temer a aproximação do perigo? Eu respondo que, se ele nos atingir, terá surgido de nós mesmos. O perigo não pode vir de fora. Se houver destruição daquilo que temos, nós mesmos seremos os responsáveis"*.

---

* Esta definição de Paiva Netto se encontra originalmente no seu livro *Reflexões e Pensamentos — Dialética da Boa Vontade,* lançado em 1987, e, anteriormente, em suas palestras no rádio e na televisão.

Os momentos de dor sempre devem servir à elevação da Alma. É a sua finalidade neste mundo.

A Terra é um Educandário Divino onde se espraiam as nobres lições de Jesus, o Catedrático Celeste. A grande reforma dessa Universidade Sublime é superior ao renascimento que se deu na Europa, anteriormente preparado pelos muçulmanos, que foram, na Antiguidade histórica, buscar a sabedoria esquecida dos gregos. No Ocidente, surgiram figuras luminares como Da Vinci, Michelangelo, Cellini, Rafael, Giovanni Pico della Mirandola, Pietro Pomponazzi*. É muito mais que isso! É a nova Ressurreição do Cristo e de todos aqueles que se comprazem no verdadeiro Bem que de Deus desce ao mundo. Trata-se do definitivo Renascimento do Espírito Divino, a beneficiar cada criatura e toda a sociedade ansiosa de Luz, mesmo quando não o percebam.

---

* **Da Vinci, Michelangelo, Cellini, Rafael, Giovanni Pico della Mirandola, Pietro Pomponazzi** — Entre outros, entraram na História como grandes figuras do Renascimento, movimento artístico, literário e científico que floresceu na Europa entre o período que corresponde à Baixa Idade Média e ao início da Idade Moderna, do século 14 ao 16. O Universalismo, uma das principais características da época renascentista, considera que o homem deve desenvolver todas as áreas do conhecimento.

Poeticamente falando, neste mundo, que ainda não é o ideal, combater o erro é como estar em uma dança: adiantam-se dois passos, recua-se um; avançam-se outros, retrocedem-se poucos. Todavia, nunca se pode parar de evoluir no grande salão da existência humana, até que, depois de muitas idas e vindas, se chegue, finalmente, a um momento de glória. É como ocorre com a Lei Universal da Reencarnação, com as nossas descidas à Terra e subidas ao Céu... até que mereçamos permanecer por lá. Graças a Deus!

Revolução verdadeira é aquela que ergue o Espírito do ser humano. Escreveu o ilustre político e clínico benemérito dr. Bezerra de Menezes: *"(...) soletrai, antes de tudo, o alfabeto da Bondade (...). Sem as primeiras letras do Amor, nunca entenderemos o sagrado poema da vida"*. Damos toda a razão ao respeitado Guia Espiritual, porque sem Amor, sinônimo de Caridade — que exige coragem e que é Deus —, nunca existirá uma revolução que, em definitivo, mude para melhor o rumo da existência planetária.

A liberdade autêntica será alcançada quando, finalmente, cumprirmos as Leis Universais que regem o Cosmos. Um dia descobriremos todo o seu mecanismo, que se encontra à disposição de quem realmente queira desvendá-lo. Então, com maior velocidade, avançaremos pelos caminhos de Deus, sem voltar a tropeçar nos obstáculos que, por nosso próprio trajeto, levianamente andávamos espalhando.

Depositemos nossa Fé Realizante no Poder Divino, na vida e no progresso. Enfim, mantenhamos o ânimo, confiando na capacidade do ser humano (e em seu Espírito Eterno). Com Respeito e Esperança devemos motivá-lo. Batalhemos, pois, de forma incessante — como propunha Zarur, no seu *Poema da Amizade* — para, *"mesmo assim de rastros, tentar trazer o paraíso à Terra"*.

"Barcas em Saintes-Maries", obra de Vincent van Gogh (1853-1890), Laren (Holanda).

O Sol nasce para todos

O Pai Celestial permanece sempre disposto a nos oferecer reiteradas oportunidades, mostrando-nos um infinito de belezas sem igual. Basta ver que nos mandou Jesus, entre outros veneráveis mensageiros, para trazer-nos a Sua fórmula de elevação perene (Evangelho, segundo João, 3:16 e 17), retratada na perspectiva de Martinho Lutero (1483-1546) como a passagem mais tocante da Boa Nova:

"16 Porque de tal maneira amou Deus ao mundo, que lhe deu o Seu Filho Unigênito, para que todo aquele que Nele crê não pereça, mas tenha a vida eterna[*1]*.*

"17 Porquanto Deus enviou o Seu Filho ao mundo, não para que julgasse o mundo, mas para que o mundo fosse salvo por Ele".

Ora, dessa Medida Celeste de ascensão moral e espiritual das criaturas resultará o definitivo erguimento **social** das massas se elas, convictamente, portanto com perseverança, cumprirem este ensinamento do Cristo (Evangelho, consoante Mateus, 6:33):

— *"Buscai primeiramente o Reino de Deus e Sua Justiça, e todas as coisas materiais vos serão acrescentadas".*

Que custa, sem fanatismos, experimentá-lo?

Diante desse roteiro magnífico de Libertação Divina, quantas vezes, por causa de um simples "me-dá-lá-aquela--palha", esquecemos as munificências que o Pai preparou para que não nos atrasemos, presos às garras da ignorância.

Tudo acabou, nada!

Muita vez Você está desesperado (ou desesperada) e exclama: *"Tudo acabou! Nada mais existe. Não resta a mínima esperança!"*. No entanto, o Sol continua brilhando lá fora; o ar, circulando à sua volta; a vida, vivendo... A Humanidade persiste, repleta de confiança, malgrado tantos tropeços. Pessoas se amando, existindo, realizando... Todavia, Você vê e sente tudo com azedume, porque se tornou particularmente amargo (ou amarga). Talvez falte um pouco de piedade no seu coração. Ensina o Profeta Muhammad — *"Que a Paz e as bênçãos de Deus estejam sobre ele!"* : *"A misericórdia é a riqueza dos crentes".*

Há dois mil anos, porém, Jesus advertia:

— *"Se os teus olhos são trevas, que grandes trevas serão!"* (Evangelho, segundo Mateus, 6:23).

Isto é, quão sombria será a sua sorte!

Entretanto, milênios de Cristianismo humano transcorreram. E, quando o Mestre, apesar de todas as aparências em contrário, se aproxima para iluminar, por meios que apenas Ele conhece, o planeta, com o Seu Cristianismo total, sublimando realmente a trajetória terrena, Você pensa em desistir?!... Querer "morrer na praia", depois de atravessar **oceanos** de lutas e dificuldades, que pareciam desejar afogá-lo (ou afogá-la) no desespero?!

Nos momentos de desânimo, lembre-se destes dizeres do saudoso papa João XXIII*[2] (1881-1963), que, com o seu conhecido alto-astral, afirmava: *"Sou sempre otimista, mesmo quando exprimem perto de mim profunda inquietação pelo destino da Humanidade"*.

O Sol nasce para todos. Não tem culpa se o egoísmo **ainda** vigore na Terra. *"Quousque tandem, Catilina?"* *[3]

Winston Churchill*[4] (1874-1965), não obstante os seus muitos críticos, foi um exemplo de pertinácia. Na hora dramática em que, com mão poderosa, conduzia a sua "pequena ilha" na resistência a Adolf Hitler*[5] (1889-1945), a voz dele levantava-se contra o medo. E o povo fortalecia-se na férrea decisão de não ceder aos nazistas. Isto já faz parte da História.

Contudo, nestas palavras que retratam bem sua forte determinação, até hoje nos convida a jamais desanimar:

— *"Nunca desista,*
Nunca, nunca, nunca!

Em nada, grande ou pequeno,
Importante ou insignificante...
Nunca desista!".

Acertada medida é, pois, em ocasião alguma capitular ante os desafios da existência espiritual e física*6. Mas entenda, acima de tudo, a lição do Educador Celeste tal como os Seus apóstolos a compreenderam: insista sempre mais um pouco e sentirá que a sua redenção está próxima.

Disse o Cristo:

— *"Na vossa perseverança, salvareis as vossas almas"* (Evangelho, segundo Lucas, 21:19).

Por conseguinte, é proveitoso guardarmos esse Divino Alertamento no coração e na mente em todos os instantes de nosso viver. Dessa forma, trilharemos cada vez mais no rumo da felicidade eterna e da Glória de Deus.

Jesus é forte mensagem de esperança numa época de tamanha desilusão para tantos.

*[1] **Nota do autor** — Quanto ao versículo 16 do capítulo 3 do Evangelho de Jesus, segundo João, o Discípulo Amado, ficou conhecido como o da preferência de Martinho Lutero. Conta-se mesmo que, na hora de sua morte, o grande reformador o proferiu, enquanto entregava a sua Alma ao Pai Celestial.

*[2] **Papa João XXIII** — Ângelo Giuseppe Roncalli é o nome de batismo desse eminente religioso, que convocou o Concílio Ecumênico Vaticano II. Empenhou-se de corpo e Alma para que houvesse a unidade entre os cristãos. Aos problemas sociais, o grande pontífice apontava como solução a Paz e a Justiça de Jesus Cristo. Morreu em Roma no dia 3 de junho de 1963. Vale ressaltar que o seu sucessor, o papa Paulo VI (1897-1978), destacou o trabalho do saudoso Alziro Zarur, por ser o autor da Cruzada de Religiões Irmanadas, em prol da Liberdade Religiosa, lançada pelo fundador da LBV, oficialmente, em 1º de janeiro de 1950. Por essa iniciativa, o também poeta e escritor brasileiro foi agraciado com a Medalha do papa Paulo VI, *"por serviços prestados à causa do Ecumenismo"* — láurea entregue pelo Núncio Apostólico dom Sebastião Baggio.

*[3] **Nota do autor** — Frase de Cícero (106-43 a.C.) — Marcus Tullius Cícero: orador e político romano. Ficou famoso o seu eloquente repúdio a Catilina (Lúcio Sérgio Catilina), quando este teve a audácia de comparecer ao Senado Romano, depois de descoberta a sua conspiração contra a República: *"Quousque tandem abutere, Catilina, patientia nostra?"* (Até quando, Catilina, abusarás da nossa paciência?). Cícero publicou além de tratados de retórica, obras de Filosofia.

*[4] **Winston Churchill** (1874-1965) — Famoso primeiro-ministro britânico, cujo nome de batismo é Winston Leonard Spencer Churchill. Estadista, jornalista, militar e escritor. Teve posição de destaque nos dois grandes conflitos mundiais, notadamente no que ocorreu de 1939 a 1945. Notabilizou-se pela eloquência e pelo espírito combativo, que o levaram a dirigir o governo de coalizão do seu país durante a Segunda Guerra Mundial. Seu esforço, ao lado

de Roosevelt, Stalin e, posteriormente, Truman, foi decisivo para a derrota de Hitler. Em 1953, recebeu o Prêmio Nobel de Literatura por sua obra mais destacada, *The Second World War* (Memórias da Segunda Guerra Mundial).

*5 **Adolf Hitler** (1889-1945) — Líder político alemão, nascido em 1889 na cidade austríaca de Braunnau. Foi o responsável por um dos maiores genocídios da História, durante a Segunda Grande Guerra, contra milhões de judeus, eslavos, ciganos, homossexuais, intelectuais e diversas minorias. Dirigiu o partido nazista, que era anteriormente inexpressivo. Escreveu um livro, no qual apresentou suas ideias baseadas no nacionalismo exacerbado, no anticomunismo, no antissemitismo e na crença na superioridade da raça ariana. Segundo alguns estudiosos, começou o extermínio de deficientes físicos e mentais germânicos antes da conflagração iniciada em 1939. Em 30 de abril de 1945, com as tropas soviéticas invadindo Berlim, ele e sua esposa, Eva Braun, suicidaram-se no *bunker* (espécie de abrigo subterrâneo e blindado) que mandara construir sob a chancelaria alemã.

*6 **Nota do autor** — Ao citar a vida **espiritual,** refiro-me à existência vigente após o fenômeno chamado morte. O Mundo Espiritual, gosto de reiterar, não é algo abstrato, indefinido. Ele existe mesmo, cheio de vibração e trabalho. Disse Jesus: *"(...) Meu Pai não cessa de trabalhar, e Eu trabalho também"* e *"Não se turbe o vosso coração; crede em Deus, crede também em mim. Na casa de meu Pai há muitas moradas; se não fosse assim, Eu vo-lo teria dito: vou preparar-vos lugar. E, se Eu for, e vos preparar lugar, virei outra vez e vos levarei para mim mesmo, para que onde Eu estiver estejais vós também"* (Evangelho, segundo João, 5:17 e 14:1, 2 e 3, respectivamente).

Índice de nomes

Bibliografia

A BÍBLIA DE JERUSALÉM. São Paulo: Paulus Editora, 1995.

A ESSÊNCIA DE DEUS. São Paulo: Martin Claret, 1997. (Coleção Pensamentos e Textos de Sabedoria. v. 17.)

AGUIAR, Sonia de. *Farmácia de pensamentos.* Rio de Janeiro: Relume Dumará, 1999.

ARRUDA, Sílvio Ferraz de. *Frases célebres notáveis.* 2. ed. rev. São Paulo: Nobel, 1998.

BACH, Marcus. *As grandes religiões do mundo — Origens, crenças e desenvolvimento.* Tradução de Marli Berg. Rio de Janeiro: Nova Era, 1998.

BHAGAVAD-GITA SEGUNDO GANDHI. Tradução de Norberto de Paula Lima. São Paulo: Ícone Editora, 1992.

BÍBLIA SAGRADA — ANTIGO E NOVO TESTAMENTO. Tradução para o português de João Ferreira de Almeida. Brasília: Sociedade Bíblica do Brasil, 1969.

BÍBLIA SAGRADA — NOVO TESTAMENTO. Tradução do Pe. Matos Soares. Porto: Grandes Oficinas Gráficas da Sociedade de Papelaria, 1954. 4 v.

BLACKBURN, Simon. *Dicionário Oxford de Filosofia.* Tradução de Desidério Murcho *et al.* Rio de Janeiro: Jorge Zahar Editor, 1997.

CARTLEDGE, Paul. *História ilustrada da Grécia Antiga.* Rio de Janeiro: Ediouro, 2002.

CLEARY, Thomas. *O essencial de Confúcio.* 2. ed. Tradução de Luiz Roberto Mendes Gonçalves. São Paulo: Best Seller, 1992.

CHALLITA, Mansour. *Os mais belos pensamentos de todos os tempos.* Rio de Janeiro: Associação Cultural Internacional Gibran, [s. d.]. v. 5.

DELLA NINA, Aldo. *Dicionário da sabedoria.* São Paulo: Fittipaldi Editores, 1985. v. 1 a 4.

DICIONÁRIO DE CIÊNCIAS FÍSICAS E BIOLÓGICAS ILUSTRADO. Lisboa: Edições para Ensino e Cultura; São Paulo: Editora Meca, [s. d.].

FINGER, Charles J. *A essência da sabedoria de Confúcio.* Tradução, introdução e notas de Chiang Sing. Rio de Janeiro: Ediouro, [s. d.].

GRACIÁN, Baltasar. *A arte da prudência.* São Paulo: Martin Claret, 2000. (Coleção A obra-prima de cada autor.)

GRAHAM, Billy. *Billy Graham responde.* Tradução de Oswaldo Ramos. Deerfield: Vida, 1960. 2ª impr. 1993.

GRANDE ENCICLOPÉDIA LAROUSSE CULTURAL. São Paulo: Nova Cultural, 1998.

GUARACY, Thales. *Máximas para os negócios e sua vida pessoal.* 2. ed. São Paulo: Negócio Editora, [s. d.].

JONES, Eli Stanley. *Jesus é Senhor.* 2. ed. São Paulo: Imprensa Metodista, 1969.

KEMPIS, Tomás de. *Imitação de Cristo.* Prólogo, tradução e reflexões do Pe. J. I. Roquette. Rio de Janeiro: Ediouro, 1993.

KING, Francis X. *O livro de ouro das profecias de Nostradamus.* Tradução de Bete Torii. Rio de Janeiro, Ediouro, 2002.

LIMA, Moacir Costa de Araújo. *A nova Física e o Espírito.* 2. ed. Porto Alegre: Editora AGE, 2000.

MIRANDA, Hermínio C. *Reencarnação e imortalidade.* 4. ed. Rio de Janeiro: Federação Espírita Brasileira, 1991.

NOVA ENCICLOPÉDIA BARSA. São Paulo: Encyclopaedia Britannica do Brasil Publicações, 2001.

NOVO AURÉLIO SÉCULO XXI — O DICIONÁRIO DA LÍNGUA PORTUGUESA. Rio de Janeiro: Nova Fronteira, 2002.

NUNES, Clóvis Souza. *Transcomunicação — Comunicações Tecnológicas com o mundo dos "mortos".* 4. ed. Sobradinho: Edicel, 1998.

O ALCORÃO. Tradução de Mansour Challita. Rio de Janeiro: Associação Cultural Internacional Gibran, [s. d.].

O TALMUD (excertos). 2. ed. rev. Tradução, introdução e posfácio de Moacir Amâncio. Apresentação do Rabino Henry Sobel. São Paulo: Iluminuras, 1995.

PAIVA NETTO, José de. *Apocalipse sem medo.* 18. ed. São Paulo: Elevação, 2000.

———. *Dialética da Boa Vontade — Reflexões e pensamentos.* São Paulo: Legião da Boa Vontade, 1987.

———. *Diretrizes Espirituais da Religião de Deus.* São Paulo: Religião de Deus, 1987. v. 1; 1991. v. 2.; 3. ed., 1996. v. 3.

———. *Livro de Deus — Religião, filosofia, ciência e política de Deus.* 25. ed. São Paulo: Religião de Deus, 1982.

———. Manifesto da Boa Vontade. *Revista LBV* nº 23. São Paulo: Legião da Boa Vontade, 1991.

———. *Somos todos Profetas.* 44. ed. São Paulo: Elevação, 1999.

REVISTA PAZ PARA O MILÊNIO. São Paulo: Religião de Deus, 2000.

REVISTA LBV nº 188, dez. 2000. São Paulo: Elevação.

SCHILLING, Voltaire. *As grandes correntes do pensamento — Da Grécia Antiga ao neoliberalismo.* 2. ed. rev. e ampl. Porto Alegre: Editora AGE, 1999.

SCHOPENHAUER, Arthur. *A vontade de amar.* Tradução de Aurélio de Oliveira. Rio de Janeiro, Ediouro, [s.d.].

VAET, Ives. *Pequeno livro de frases.* São Paulo: Departamento Gráfico do Centro de Estudos Vida e Consciência e Editora (impr.), 1998.

VIANA FILHO, Luís. *A vida de Joaquim Nabuco.* 2. ed. São Paulo: Livraria Martins Editora, 1973.

VILLAMARÍN, Alberto J. G. *Citações da cultura universal.* Porto Alegre: Editora AGE, 2002.

XAVIER, Francisco Cândido. *No Mundo Maior.* 12. ed. Rio de Janeiro: Federação Espírita Brasileira, 1984.

———. *Renúncia.* 30. ed. Rio de Janeiro: Federação Espírita Brasileira, 2002.

———. *A caminho da Luz.* Rio de Janeiro: Federação Espírita Brasileira, 2002.

———. *Palavras de Emmanuel.* Rio de Janeiro: Federação Espírita Brasileira, 1992.

Biografia

José de Paiva Netto, escritor, jornalista, radialista, compositor e poeta, nasceu em 2 de março de 1941, no Rio de Janeiro/RJ, Brasil. É diretor-presidente da Legião da Boa Vontade (LBV). Membro efetivo da Associação Brasileira de Imprensa (ABI) e da Associação Brasileira de Imprensa Internacional (ABI-Inter), é filiado à Federação Nacional dos Jornalistas (Fenaj), à International Federation of Journalists (IFJ), ao Sindicato dos Jornalistas Profissionais do Estado do Rio de Janeiro, ao Sindicato dos Escritores do Rio de Janeiro, ao Sindicato dos Radialistas do Rio de Janeiro e à União Brasileira de Compositores (UBC). Integra também a Academia de Letras do Brasil Central.

Entre as inúmeras homenagens recebidas, foi agraciado com a Medalha do 1º Centenário da Academia Brasileira de Letras (ABL), nomeado Comendador da Ordem do Rio Branco, pelo Ministério das Relações Exteriores, e condecorado com o Grau de Comendador, pelo Conselho da Ordem do Mérito Aeronáutico, e com a Medalha do Pacificador, pelo Ministério do Exército brasileiro.

Filho primogênito de **Idalina Cecília** (1913-1994) e **Bruno Simões de Paiva** (1911-2000) — que tiveram como padrinho de casamento **Dorival Caymmi** (1914-2008) — e irmão de **Lícia Margarida** (1942-2010). Teve a infância e a juventude marcadas por uma preocupação incomum com temas espirituais, filosóficos, educativos, sociais, políticos, científicos e econômicos, além de um profundo senso de auxílio aos necessitados.

Estudou no tradicional Colégio Pedro II, na capital fluminense, do qual recebeu o título de Aluno Eminente, sendo homenageado com placa de bronze na sede desse conceituado colégio-padrão. Em 1956, ainda adolescente, iniciou sua jornada vitoriosa ao lado do saudoso fundador da Legião da Boa Vontade, o jornalista, radialista, escritor, poeta e pensador brasileiro **Alziro Zarur** (1914-1979). Foi um dos principais assessores dele durante quase um quarto de século. Para se dedicar totalmente à LBV, abandonou a vocação para a medicina. Mais tarde, tornou-se secretário-geral (cargo equivalente ao de vice-presidente) da Instituição e, com o falecimento de Zarur, sucedeu-o.

Compositor e produtor musical, foi aluno do professor Homero Dornelas (1901-1990), assessor do notável Villa-Lobos (1887-1959). Elaborou a "Marcha dos Soldadinhos de Deus", interpretada pela primeira vez em 21 de abril de 1960, por meninos amparados pelo Instituto São Judas Tadeu, no Rio, onde colaborava como voluntário. A apresentação foi uma homenagem a Brasília/DF, que o então presidente da República Juscelino Kubitschek (1902-1976) inaugurava naquela data.

À frente da Legião da Boa Vontade desde 1979, multiplicou as ações desta nas áreas da educação e da promoção humana e social por meio das unidades de atendimento da Instituição, as quais abrangem escolas-modelo de educação básica, lares para idosos e centros comunitários de assistência social. Tais espaços servem para projetos ainda maiores, a que Paiva Netto se tem dedicado há bastante tempo: a Educação com Espiritualidade Ecumênica, consubstanciada em uma vanguardeira linha pedagógica, que propõe um modelo novo de aprendizado, o qual alia cérebro e coração. Essa proposta educacional, composta da Pedagogia do Afeto e da Pedagogia do Cidadão Ecumênico, é aplicada com sucesso na rede de ensino da LBV e nos programas socioeducacionais desenvolvidos por ela.

Os ideais da Boa Vontade não têm fronteiras e empolgam diversas nações. Atualmente, as iniciativas solidárias expandem-se para a LBV da Argentina, do Paraguai, do Uruguai, da Bolívia, de Portugal e dos Estados Unidos, além de muitas outras regiões do mundo, sendo mantidas por meio de donativos de cada população local.

Por causa da ampla abrangência de seus programas e de suas ações e da excelência no trabalho realizado, a Legião da Boa Vontade conquistou o reconhecimento da Organização das Nações Unidas (ONU), com a qual tem atuado em parceria há mais de vinte anos. Em 1994, a LBV tornou-se a primeira entidade do terceiro setor do Brasil a associar-se ao Departamento de Informação Pública (DPI) desse organismo internacional e, em 1999, foi a primeira instituição da sociedade civil brasileira a obter o *status* consultivo geral (grau máximo) no Conselho Econômico e Social (Ecosoc/ONU). Em 2000, passou a integrar a Conferência das ONGs com Relações Consultivas para as Nações Unidas (Congo), com sede em Viena, na Áustria, e, em 2004, foi cofundadora do Comitê de ONGs sobre Espiritualidade, Valores e Interesses Globais nas Nações Unidas.

Além de mobilizar a sociedade civil em torno dos oito Objetivos de Desenvolvimento do Milênio (ODM), a LBV tem participado ativamente das principais reuniões do Ecosoc, contribuindo com importantes documentos e publicações, editados em diversos idiomas e entregues a chefes de Estado, conselheiros ministeriais e representantes da sociedade civil. Dentre esses materiais destacam-se as revistas *Sociedade Solidária, Paz para o Milênio* e *Globalização do Amor Fraterno*. Esta última, encaminhada para a reunião do *High-Level Segment*, em 2007, realizada no Palais des Nations, escritório central da ONU em Genebra, na Suíça —, foi recebida com muito entusiasmo pelo secretário-geral das Nações Unidas, **Ban Ki-moon**, quando da visita deste ao estande da LBV no evento. Ele referendou seu apoio à LBV ao assinar a capa da revista e ratificou seus votos de muito sucesso para a Legião da Boa Vontade.

Em 21 de outubro de 1989, Paiva Netto fundou, em Brasília/DF, o Templo da Boa Vontade (TBV), com a presença de mais de 50 mil pessoas. O Templo da Paz é o polo do Ecumenismo Divino, que proclama o contato socioespiritual entre a criatura e o Criador. Aclamado pelo povo uma das Sete Maravilhas do Distrito Federal, o TBV é o monumento mais visitado da capital brasileira, conforme dados oficiais da Secretaria de Estado de Turismo do Distrito Federal (Setur-DF), e, desde que foi inaugurado, recebe anualmente mais de um milhão de peregrinos.

Paiva Netto criou, para propagar a Cidadania Espiritual (conceito preconizado por ele), a Super Rede Boa Vontade de Comunicação (rádio, TV, internet e publicações).

É escritor de referência internacional, e autor de vários *best-sellers*. Com seus livros, Paiva Netto alcançou a expressiva marca de mais de 6 milhões de cópias vendidas. Também tem artigos publicados em importantes jornais e revistas do Brasil e do exterior, por exemplo: *Diário de Notícias, Jornal de Coimbra, Correio da Manhã, Jornal de Notícias, O Primeiro de Janeiro, Notícias de Gaia, Voz do Rio Tinto, Jornal da Maia* e *O Público* (Portugal); *Time South, Jeune Afrique* e *African News* (África); *Daily Post* (circulação internacional); *Clarín* (Argentina); *Jornada* (Bolívia); *El Diário Notícias* e *ABC Color* (Paraguai); *El Pais* (Uruguai); e para a *International Business and Management* (China) e *Deutsche Zeitung* (Alemanha).

Sobre seu estilo literário, o escritor norte-americano Errol Lincoln Uys observou: *"Paiva Netto, sendo um homem prático, não deixa de ter alma de poeta"*. Segundo a definição do eminente professor, jurisconsulto e tratadista José Cretella Júnior, *"é um exímio estilista, sempre em dia com as novas"*. Valdir Andres, jornalista, advogado, fundador do periódico *A Tribuna Regional*, de Santo Ângelo/RS, e atual prefeito dessa cidade, assim declarou: *"É uma honra imensa abrigar os conceitos, as opiniões, a pena brilhante do professor Paiva Netto em nosso jornal"*. Na opinião do mestre de professores Moacir Costa Lopes (1927-2010), *"é um escritor de muito talento"*.

TBV — 25 anos

Aclamado pelo povo como uma das Sete Maravilhas de Brasília/DF, Brasil, o Templo da Boa Vontade (TBV), símbolo maior do Ecumenismo Divino, é o monumento mais visitado da capital federal, desde que foi fundado por Paiva Netto, em 21/10/1989, já recebeu mais de 25 milhões de peregrinos e turistas. Segundo dados oficiais da Secretaria de Estado de Turismo do Distrito Federal (Setur-DF), é o monumento mais visitado da capital do país. Ao lado do ParlaMundi e de sua sede administrativa, o Templo da Paz forma o Conjunto Ecumênico da Legião da Boa Vontade. Visite: SGAS 915, Lotes 75/76. Informações: (61) 3114-1070/www.tbv.com.br.

Correspondência para o autor:
Rua Sérgio Tomás, 740 • Bom Retiro
São Paulo/SP • CEP 01131-010
E-mail: paivanetto@uol.com.br

CONHEÇA O TRABALHO DA LBV

www.lbv.org.br

BOA VONTADE TV
Web: www.boavontade.com/tv
SKY – Canal 20
Oi TV – Canal 212

KIT SAT BOA VONTADE

Frequência: 3.649.00 MHz • Symbol Rate 3002 • Polarização descida: horizontal • Satélite: Star One C3.

ANTENA PARABÓLICA — CANAL TERRA VIVA

Programa *O Poder da Fé Realizante* • De 2ª a 6ª, das 7h às 7h30 • Frequência: 1.360 MHz • Polarização descida: horizontal • Satélite: C2

NET

No Estado de São Paulo: Sertãozinho (canal 9), Americana, Araras, Hortolândia, Limeira, Mogi-Guaçu, Mogi-Mirim, Rio Claro, Santa Bárbara D'Oeste, Sumaré (canal 192) e São José dos Campos (canal 15).

OUTRAS TVS POR ASSINATURA

CANAL 24 — Telec NE: São Luís/MA; CANAL 33 — Cabo Serviços de Telecomunicações: Natal/RN e Mossoró/RN; CANAL 29 — TV Costa do Sol: Cabo Frio/RJ; CANAL 26 — TVC Assis: Assis/SP; CANAL 29 — TVC Ourinhos: Ourinhos/SP; CANAL 26 — Pontal Cabo: Penápolis/SP; CANAL 39 — TVCA Tietê: Tietê/SP; CANAL 45 — TV Conectcor: Jaú/SP e Dois Córregos/SP; CANAL 34 — RCA: Curitiba/PR e Paranavaí/PR; CANAL 23 — TV a Cabo São Bento: São Bento do Sul/SC; CANAL 36 — Sarandi TV a Cabo: Sarandi/PR; CANAL 48 — TVN Telecomunicações Nordeste: São Luís/MA.

TV ABERTA

CANAL 45.1 digital: São Paulo/SP; CANAIS 11 e 11.1 digital: São José dos Campos/SP; CANAIS 9 e 32: Arceburgo/MG;

CANAL 31: Brodowski/SP; CANAL 23: Glorinha/RS; CANAL 51: Luz/MG; CANAL 58: Poços de Caldas/MG; CANAL 21: Mococa/SP, Santa Rosa do Viterbo/SP e Cássia dos Coqueiros/SP; CANAL 69: Tapiratiba/SP e Guaranésia/MG.

SUPER REDE BOA VONTADE DE RÁDIO

Internet: www.boavontade.com/radio
OI TV: Canal 989 (Super RBV de Rádio)

Emissoras de rádio:

BRASIL: AM 940 kHz - Rio de Janeiro/RJ • AM 1.230 kHz - São Paulo/SP • AM 1.300 kHz - Porto Alegre/RS • OC 25 m - 11.895 kHz - Porto Alegre/RS • OC 31 m - 9.550 kHz - Porto Alegre/RS • OC 49 m - 6.610 kHz - Porto Alegre/RS • AM 1.210 kHz - Brasília/DF • FM 88,9 MHz - Santo Antônio do Descoberto/GO • AM 1.350 kHz - Salvador/BA • AM 610 kHz - Manaus/AM • AM 550 kHz - Montes Claros/MG • AM 550 kHz - Sertãozinho, região de Ribeirão Preto/SP • AM 1.210 kHz - Uberlândia/MG • AM 1.310 kHz - Maringá/PR (de 2ª a 6ª, das 16 às 19h) • AM 1.270 kHz - Curitiba/PR (das 16 às 19h) • AM 1.210 kHz - Araçatuba/SP (de 2ª a sábado, das 16 às 19h) • AM 820 kHz - Goiânia/GO (das 22 às 6h) • FM 95,1 MHz - Recife/PE (de 2ª a 6ª, das 21 às 22h) • Oi TV - canal 989

EXTERIOR: Buenos Aires, Argentina: FM 104.7 (de 2ª a 6ª, das 5 às 6h e das 10 às 11h; sábado e domingo, das 7 às 8h e de 18h às 19h) e AM 1.590 (de 2ª a 6ª, da 0 à 1h e das 18 às 19h) • La Paz, Bolívia: AM 860 (de 2ª a 6ª, das 8 às 9h) • Assunção, Paraguai: FM 90.7 (de 2ª a 6ª, das 8 às 9h) • Portugal — Lisboa: FM 92.8 (diariamente, das 23 à 0h) — Coimbra: FM 96.2 (diariamente, das 7 às 8h) e FM 92.6 (diariamente, das 15 às 16h).

PORTAIS

www.boavontade.com
www.religiaodedeus.org
www.jesusestachegando.com

ESTE LIVRO FOI COMPOSTO NA
TIPOLOGIA ADOBE GARAMOND E
IMPRESSO EM PAPEL OFFSET 90 G/M².